因为爱过,所以慈悲;
因为懂得,所以宽容。

长的是磨难,短的是人生。

# 张爱玲传

## 绝世芳华

常晓军 著

石油工业出版社

图书在版编目（CIP）数据

张爱玲传：绝世芳华 / 常晓军著. -- 北京：石油工业出版社，2020.6
　ISBN 978-7-5183-3857-3

Ⅰ.①张… Ⅱ.①常… Ⅲ.①张爱玲（1920-1995）-传记 Ⅳ.①K825.6

中国版本图书馆CIP数据核字（2020）第024486号

# 张爱玲传
## 绝世芳华

常晓军 著

出版策划：王　昕　曹敏睿
责任编辑：姜　燕　杨建君
责任校对：张　磊
出版发行：石油工业出版社
　　　　　（北京安定门外安华里2区1号楼　100011）
　　　　　网　址：www.petropub.com
　　　　　编辑部：（010）64523616　64252031
　　　　　图书营销中心：（010）64523731　64523633
经　　销：全国新华书店
印　　刷：艺堂印刷（天津）有限公司

2020年6月第1版　2020年6月第1次印刷
880×1280毫米　开本：1/32　印张：9
字数：180千字
定价：49.00元

版权所有，翻印必究
如出现印装质量问题，我社图书营销中心负责调换

## 前言　一生烟雨半倾城

　　历史用墨色，点染了一个陌上烟雨缥缈的民国。

　　唯美用深情，幻化了一个女子倾国倾城的传说。

　　时光用精彩，演绎了一个人生漂泊的千古绝响。

　　在人生大舞台上，民国奇女子张爱玲"一袭青衣，染就一树芳华；两袖月光，诉说绝世风雅"。她以对文字的无比执着，表达着临水照花的自我；她以含蓄的深情，揭示着人性的幽微。

　　无疑，这样的文字新奇而美丽，这样的人生传奇而纯粹。事实上，在人们即有的印象里，张爱玲一直对世界报以冷静而疏离的态度，行走在芳菲无比的优雅中。那孤傲冷清中的自如，极致透彻的人生态度，从未被时代裹挟，始终彰显着一种苍凉的底色。战乱流年，这样的返璞归真本身就非比寻常。现在来看，独属于张爱玲的那抹精彩是无尽繁华中一缕青灰的月色，是物欲与情感撞击之后的火花，是不愿为爱情沦落自我的独特韵味，是现世里寻找安稳的入世近俗。

传奇中追寻平凡，平凡中彰显传奇。有人说，张爱玲绽放了一生的光彩，用文字书写了属于那个时代的传奇。其实想想，她自己不就是一部值得言说的传奇吗？花来衫里，影落池中。有人说，她绚烂一生的芳华，是生命里各种色彩串起来的起伏韵律。然而她告别世界的姿势却如此从容而决绝，仿佛对这个世界已再无牵挂。

虽然张爱玲已离我们远去，但她寂寞如烟般的姿态却挥之不去，至今品味起来依然刻骨铭心、艳绝苍凉。在无人的长巷中，在芸芸众生的世俗中，在如诗如歌的岁月里，她写下了无尽的柔情与苍凉。正如她一直喜欢的姿势，静静地依偎在窗前想着心事，一任痴情满满的文字在掌心悄然融化。

也许，相遇不过是人世间的久别重逢。即使逃不出最终的宿命，她也要让易碎的心保持一份坚韧。细细琢磨，这种彻底和绝然，更像是爱与被爱的无悔期盼。

总以为水是山的泪水，云是水的故事，等千帆过尽，万籁俱静，瞬间的华彩是否还能拨动心弦？如果说，张爱玲行云流水般的文字，是岁月静好中依次盛开的灿然花束，那滋生她丰润情感的无疑还有一生的眷恋与等待。她在长夜顾盼中书写哀愁，在世事苍凉中体味柔情，在浪漫多情中感悟悲喜，在绽放的美丽中独尝着生之苦楚。

雪落无痕，浅爱倾心。相逢如是，告别亦是。有谁甘愿在东流逝水中站立成一尊精神的塑像？无论是赭红色彩下的玲珑望秋月，或是灰蓝朴素下的平展闲看月，她书写的其实都是一个人的繁华与人世的苍凉。

佛说：心中有莲花，如揽日月之清辉，沐禅韵之静寂，醉云水之安逸。隔着缄默的时光回望过去，那些早已被岁月定格的瞬间，在内心的情爱恩怨中宛若一池静水。这位传奇的民国女子，以孤绝忧郁的苍凉华美，呈现透骨的生命本相，在一点点、一寸寸的低回流转中，流沙般将光影流年晕染成色。浮生，如梦，如疾如狂。于是，张爱玲留给世界的，是冷暖人间一抹冷静的底色，呈现出的是芸芸众生的浮华及浮华背后的苍茫，是市井烟火，也是人性的幽微。她以犀利的眼光和独特的视角，冷眼旁观着世间众生相，在那个大时代里谱写着小人物的挽歌，以一种绝美的姿态，为这个世界奉献了一种独特的美。

美让时空凝滞，美也让传奇流淌不息。无论得到与否，都将注定她会在时光流转中渐行渐远。唯愿岁月静好，现世安稳，将今生只做最后一世。

∧3岁左右的张爱玲与姑姑（左）、堂侄女妞儿（右）合影

∧童年时的张爱玲与弟弟张子静在一起

∨张爱玲（中）与表姐弟在上海舅舅家附近的宝德照相馆合影

^张爱玲战后留影

^张爱玲（左）在姑姑张茂渊家的屋顶阳台上，与姑姑合影

^ 1952年,张爱玲离开大陆去香港时的证件照

^ 1944年,张爱玲于上海

> 1954年,张爱玲于香港

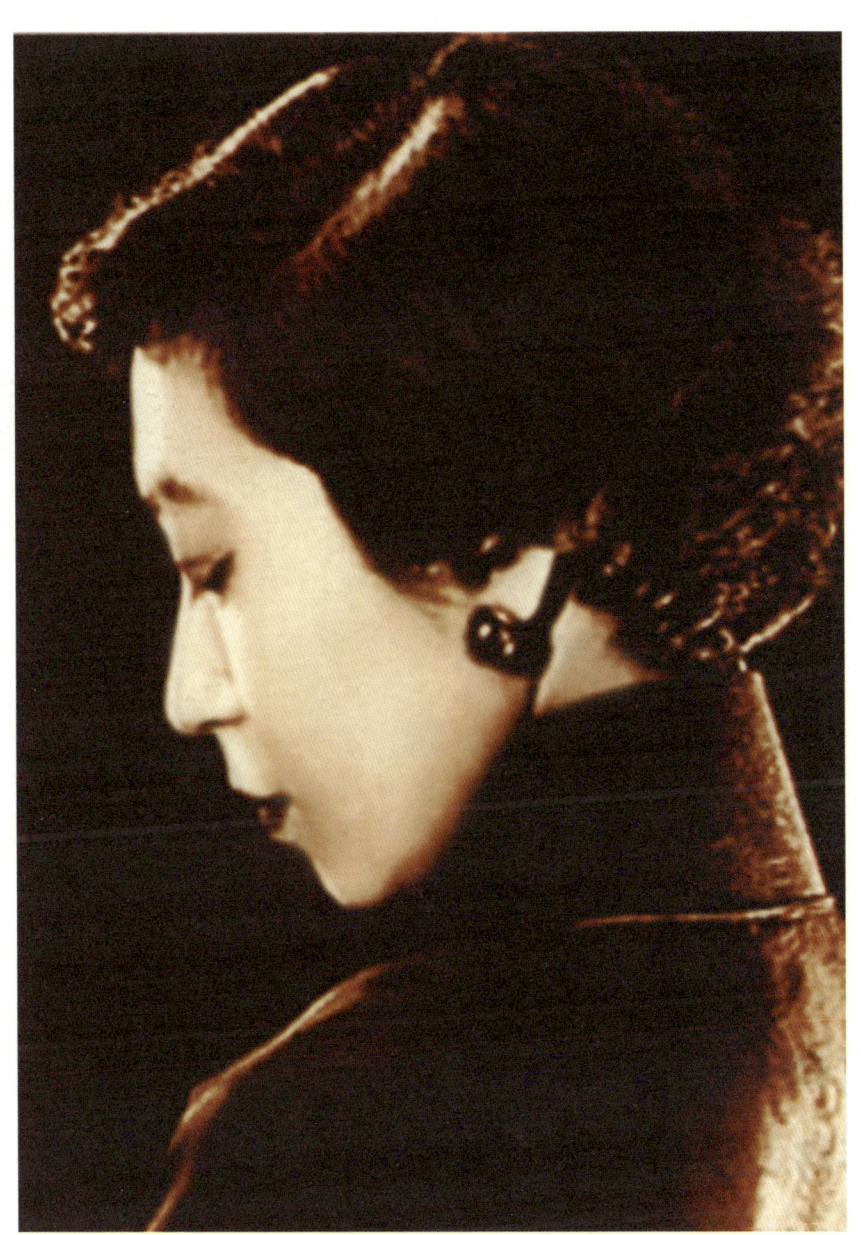
∧ 1955年,离开香港前

# 目录

## 第一章 远去的童年

世族显赫 —— 2
欢乐时光 —— 10
悲伤记忆 —— 16
世相观察 —— 26

## 第二章 出名要趁早

成名传奇 —— 40
风华初绽 —— 52
路在何方 —— 62
书香读心 —— 72

## 第三章 恋爱的味道

烟火尘埃 —— 84
一丝执念 —— 91
心之所安 —— 99
书生意气 —— 107

## 第四章 相看两不厌

红尘有缘 —— 122
情缘难测 —— 132
长恨无期 —— 144
就此别过 —— 156

第五章　铅华始消尽

相守沉默　168
花落无奈　179
人生况味　189
风雨一梦　198

第六章　新梦愁风雨

浮生若梦　210
出走计划　219
人间烟火　226
爱的灵魂　233

第七章　总是离人泪

远避尘嚣　244
岁月静好　251
时光寂寞　258
生命苍凉　262

附录　张爱玲年表

268

童年的一天一天，温暖而迟慢，正像老棉鞋里面，粉红绒里子上晒着的阳光。

# 第一章
## 远去的童年

世相观察
悲伤记忆
欢乐时光
世族显赫

## 世族显赫

这是一座风情万种的城市。

十里洋场一朝梦,梦回千里忆上海。当留声机中传出纯朴而甜美的"夜上海,夜上海……"时,美到极致的风情与浮华沧桑的往事相互碰撞与融合,让这座闻名遐迩的"不夜之城"幻化为自由、开放的象征。当时光的指针缓缓停驻在1920年这个秋天时,注定着这个充满故事的地方,即将开始一段时代的传奇。

烦闷的风从十里洋场慵懒地吹过,掠过这座繁华都市中的无限风光。那些卓然耸立于黄浦江畔的哥特式、罗马式、巴洛克式、中西合璧式建筑,在密密匝匝交织的声音中泛着无穷的历史韵味,在光影流动中展现着令人叹为观止的艺术之美。在这座国际金融大都市里,每天都在上演着不同的故事。很多时候,生活不言不语,却有无数失落、无数雄心在内心涌动。这些热得敞着衣服的苦力们,苦苦等不到一场凉爽的秋

# 第一章 远去的童年

雨。往年这个时节，雨水早已是绵绵无期，但今年的天偏偏闷热得出奇。远远看去，地面上不断翻滚起的热浪汹涌袭来，这座城市仿佛要烧着了。门前的老狗懒懒地趴在地上，伸着长长的舌头，树叶也都无精打采地打起卷来。人们对雨的期盼，竟成了奢望。

临近苏州河畔的旧式里弄，有一处江南水乡风格的建筑，这里是张家公馆。"房间多而进深，后院还有一圈房子供佣人居住；全部大约有二十多个房间。住房的下面是一个面积同样大的地下室，通气孔都是圆形的，一个个与后院的佣人房相对着。"从外部远望过去，这独处一隅的房屋布满了岁月雕刻的痕迹，屋顶上的植物沉默地见证着这里的一切。这座建筑雄浑、大气、造型独特，对生活在闹市里的人来说，这座老房子是"秦时明月汉时关"的落寞，是极具诱惑下的执手相望。

千山万水过尽，阳光如故。岁月无奈，这座被人誉为世外桃源的处所转眼已物是人非。抚墙沉思，这里曾见证过大清帝国的穷途末路，见证过晚清贵族的破败消亡；而此时，却只剩下言谈中的辉煌记忆了。

光线穿过葱茏细密的草木，斑驳的光影散落下来。一群人在院落里走动着，还时不时地驻足张望，脸上写满了焦灼，又充满着期待。突然，一阵响亮的啼哭声像利剑在空中划出了一道长长的口子，顿时打破了所有沉寂，惊飞了附在树上的蝉，它们在仓皇中鸣叫着飞远了。新生命的啼哭，此时像不请而至的徐徐凉风、呼啸而来的酣畅秋雨，变成了院子里的欢声笑语，就连这些沉闷的老建筑也都焕发出了生机。

"恭喜老爷，家里添了位千金。"年迈的老妇人抱着新生儿上前说道，苍老的面容中闪烁着慈祥与亲近。

手持折扇的老爷名叫张志沂（又名张廷重）。他随着话音停下慢悠悠的步子，转过身，轻轻掀开遮布。襁褓中的婴儿生得聪明乖巧，眉目间透着玉的光彩，让人看后顿生爱意。张志沂漠然中带着开心，他摸了一下孩子的脸，意味深长地说："就取名叫张煐吧！"

所有人都为孩子的到来忙碌着。谁也不会想到，张煐在后来会走出这破落的豪门，凭借一篇篇饱含深情的文字，成为上海乃至全国文化圈里最当红的人。这天是1920年9月30日，刚刚过完中秋节的第四天。

其实，小张煐来到人世间，最开心的莫过于母亲黄素琼。黄素琼出生于显赫世家，父亲黄宗炎是广西盐道，祖父黄翼升是清末长江七省水师提督。当年，黄翼升在镇压太平天国运动中立下了赫赫战功。为求明主，他带领五千水师直接投奔到李鸿章麾下，后因在战场上机智果敢，很快被委任为副手。1865年，李鸿章奉命镇压捻军，黄翼升亲率水师驻扎运河沿线，两人左右夹击，有力地阻击了东捻军的向西突围，从此受到李鸿章的格外器重。出生在这样的家庭，黄素琼虽然从小缠足，接受传统教育理念，可她骨子里却始终闪现着新女性的光辉。后来受五四新思潮的影响，她选择了出国留洋，改名为黄逸梵，以彰显自我。所以一提到她，当地人都乐意称其为"黄军门的小姐"。

黄翼升膝下独子黄宗炎，早年中举后承袭父亲爵位，虽衣食无忧，

婚后却一直不能生育。不孝有三，无后为大，这让全家烦忧不已。当他被举荐到广西任职时，家里只好给黄宗炎纳小妾以指望传宗接代。姨太太确实很争气，肚子很快大了起来。为让孩子顺利降临人世，他又差人将姨太太送回南京老家休养。天有不测风云，正当黄宗炎陶醉在即将为人父的喜悦中时，不料身染瘴毒，客死他乡，时年才30岁。虽人已故去，却留下了一对龙凤胎。女孩即黄素琼，男孩为黄定柱。黄素琼虽未正式上过学，但因生在显赫世族，气度修为亦不同于一般家庭女子。

　　1916年，20岁的军门千金黄素琼嫁给了御史少爷张志沂。一对金童玉女缔结婚姻，一时间，成为人们茶余饭后的谈资。身形优雅的黄素琼因受家庭环境影响，思想十分开放，与身上有太多沉暮之气的张志沂形成鲜明对比。东西方教育的差别，让这段令人歆羡的婚姻似乎一开始就隐隐步向悲剧。好在黄素琼与小姑子张茂渊还算情趣相投，两人总会想尽办法来改变表情凝滞、性情哀颓的张志沂，虽然他有时也会一起去逛商场、谈文艺，也时而与三五好友一起学琴、读书，但总归有一种老气横秋的遗少气派。后来，张煐在《对照记》中写道："我父亲一辈子绕室吟哦，背诵如流，滔滔不绝一气到底。末了拖长腔一唱三叹地作结。沉默着走了没一两丈远，又开始背另一篇。听不出是古文时文还是奏折，但是似乎没有重复的。我听着觉得心酸，因为毫无用处。他吃完饭马上站起来踱步，老女佣称为'走趟子'，家传的助消化的好习惯，李鸿章在军中也都照做不误的。他一面大踱一面朗诵，回房也仍旧继续

## 第一章 远去的童年

'走趟子',像笼中兽,永远沿着铁槛兜圈子巡行,背书背得川流不息,不舍昼夜——抽大烟的人睡得很晚。"这样的守旧,除却继承了贵族迂腐的不良习气外,还喜欢把自己封闭在大宅院,于花前月下吟诗作赋,或约三五挚友饮甘餍肥、听戏狎妓,根本就不在乎外面的世界。张志沂趋向保守,黄素琼却向往自由。她从不愿意待在深宅大院中做金丝鸟,对于传统的相夫教子生活更是抵触。消极对抗下的置身事外,让彼此极少有时间过问家事,而抚养孩子的责任便只能交给女佣。

张志沂的祖父张印塘,字雨樵,曾任职安徽按察使。为人清廉、耿直,是"丰润张氏"家族里第一个做官的人。咸丰年间,李鸿章回到家乡办团练,得到了张印塘的大力支持。后彼此又因意气相投,联手镇压太平军时结为至交。后来,张印塘因作战失利被摘下顶戴花翎发配,官场失意的他在目睹了各种人情世故后,最终因心中郁结得病致死。那年,张志沂的父亲张佩纶还是个不谙世事的7岁孩童。

家庭变故,让失去优越感的张佩纶感到了命运多舛。辗转流离的压抑中,他只能埋头苦读,期待以十年寒窗来换取一朝显达,重振家业。对他而言,这是为生计所迫,也是为生命搏击。功夫不负有心人,张佩纶23岁时中了举人,第二年又中了进士,被授予翰林院编修之职。正当一些潦倒的文士走投无路之际,北洋大臣李鸿章找到了他,力邀其入幕为官。或许,他的命运从此就要出现转机了。

瓜洲有幸,风雪多情。然而,时刻期望有所作为的张佩纶却拒绝了此番好意。"人间世事何须问",既然眼前这位年轻人不同意,中堂大人也不再勉强。

耐人寻味的是,偏偏天下的事情就如此凑巧,有次张佩纶因处理家事路过天津,阴差阳错地与李鸿章撞个正着。自然是一番热情的寒暄,之后,李鸿章又旧事重提,希望他能够效力朝廷。"先世交情之耐久如是",张佩纶的感激之心从那时便油然而起。他不仅为父辈缔结的袍泽之情感动,更为身居高位的李鸿章能有这片苦心而欣喜。

李鸿章久居官场,眼光独到,而恃才傲物的张佩纶也非等闲之辈。入幕为官后,先后与张之洞、陈宝琛等主将共事,位至都察院左副都御史,成了中央监察部门的副职长官。或因李中堂的这层特殊背景,正直的张佩纶在朝中敢说敢为,硬是凭借着手中的如椽大笔,参倒了不少贪官。李鸿章对其做法赞赏有加,但周围的同僚却是唯恐躲之不及。1883年12月,中法战争爆发。当时清政府军纪废弛,兵无斗志,以致前线接连溃败。作为晚清"清流派"的代表人物,张佩纶始终力主备战,反对妥协,更是提出"主动出击,以战促和"的建议,他还积极请命以一介书生的身份统领兵马,以士大夫的爱国情怀投身马江战役,与洋枪洋炮的法国侵略者对阵而不惧死。他以实践实现了忠君报国的人生理想。只是后来依然落得和父亲一样的结局,即兵败革职被发配边疆。而值得一提的是,他的耿直刚正不但名留青史,而且还被写进了民间的通俗小说中。清末著名的"四大谴责小说"之一《孽海花》中的庄仑樵，其实就是以张佩纶为原型而创作的。今天读来，仍令人不胜唏嘘。

在这个以成败论英雄的国度，谁也没想到张佩纶会从慈禧身边的红人，一夜之间沦为遭人唾弃的逐臣。笙歌归院落，灯火下楼台。各种不期而至的遭遇，让他进一步看清楚了人世间的悲哀。又加之两任夫人病故，仕途不顺的他开始万念俱灰、萎靡不振。

这时李鸿章又一次帮了张佩纶，不但有意将其收入幕中，更不顾家人反对，执意要将二女儿李菊耦许配于他。而除了感激，张佩纶说不清是喜是忧。不过他没有拒绝，以罪臣之身成了李鸿章的乘龙快婿。

历史总喜欢和人开玩笑，张佩纶还未享受够天伦之乐，中日甲午战争便爆发了。随着近代最丧权辱国的《辛丑条约》签订，身染重疾的全权大臣李鸿章在屈辱中备受压力，很快在命运的无奈中辞世。一年后，张佩纶也在郁郁寡欢中告别人世。人生就是这般飘摇无定，昨日还是四方宾客云集，现今"忽喇喇似大厦倾，昏惨惨似灯将尽"。接踵而来的伤感，除了给这个家庭带来疏落，也夹杂着诸多遗憾。

繁华过后，一个家族的辉煌也戛然而止。虽然少了名门望族的光环，但其家族的高贵血统和精神血脉带给张志沂的影响却不可小觑。等张志沂和黄素琼结为百年之好后，他们依然还能享受到祖上的庇荫，只是再也无法从锦衣玉食的生活中，培养出如父辈般胸怀家国天下的大志向了。相反，富家少爷的所有不良习惯，都逐渐演绎成了这个家族的悲剧。

## 欢乐时光

无论痛苦还是甜蜜,人生中最美好、最难忘的还是童年记忆。

对于张煐来说,她的童年记忆应该是从上海迁往天津的那个家开始的。1922年,"我们搬到一所花园洋房里。有狗、有花、有童话书,家里陡然添了许多蕴藉华美的亲戚朋友。"迁走时,家里刚刚又如愿添了位弟弟,一家人生活其乐融融,安静而恬淡。天津这座三层连体私邸,位于地段不错的法租界32号路,旁边就是法国花园,与54号的张学良的府邸相距颇近。好多年以后,当张爱玲接到撰写英文作品《少帅传奇》的合约时,专程从美国赴台湾去采访和收集张学良的资料,虽然未果,却无意中知道彼此曾在天津做过几年邻居,亦觉亲近。

张志沂之所以举家北上,是时任民国交通总长的堂兄张志潭为他谋取了津浦铁路局英文秘书的新工作。这样离开,既可以处理与二哥之间的不融洽,又脱离了兄嫂的严加管束。新环境对小张煐来说,自是充满欢喜。虽然院子不大,但好在内有秋千,不荡秋千时,可以在树下捉小虫子玩,看书,或者听大人讲《三国演义》。总之,这眼前所有的一切,在外人眼里都是那么精致而高贵。

张煐很羡慕父亲的书房,它就像阿里巴巴的神秘宝藏,里面似乎什么都有。她会不时地趁人不备溜进去,一本一本书乱翻。读到喜欢的书时,还会向父亲卖弄其中的故事情节。不论阳光灿灿,还是阴雨绵绵,父女间的这种天伦之乐,都无形中带给了张煐十分温暖的记忆。宽松而又惬意的环境中,张煐开始抱着一部部经典"大部头"如饥似渴地读起来,经常是陶醉其中不能自拔。如果说,张煐心中有着无所适从的寂寞,那她在父亲书房里的时光定然是快乐的。

生活是这样多姿多彩,可张煐也有痛苦的事情,那就是每天都要背书。黄素琼对子女教育要求很严,只要有时间就会检查她读书识字的情况。"我记得每天早上女佣把我抱到母亲的床上去,是铜床,我趴在方格子青棉被上,跟着她不知所云地背唐诗。"母亲还好说,可私塾先生的戒尺挥舞起来就完全不同了。于是,院子里每天都能听见张煐的诵读声,充满着未谙世事的稚气。对孩子们来说,背书无疑是件极为苦恼的事,以至除夕夜里都要用功。有一次就因为除夕夜背书太晚,保姆为让她多睡一会,就没有按时叫起她迎接新年,结果等她醒来时家里放炮、请神像等好玩的事情都已结束,当时小张煐就觉得自己如同被遗弃的孩子一样。"我觉得一切的繁华都已经成了过去,我没有份儿了,躺在床上哭了又哭，不肯起来，最后被拉了起来；坐在小藤椅上，人家替我穿上新鞋的时候，还是哭——即便穿上新鞋也赶不上了。"

伤心虽然难免，但很快就会被其他的乐趣所取代，比如认字时可以得到奖励，可以跟着家人去串门。张煐最喜欢的莫过于坐着人力车去堂伯父张人骏家，在张煐的眼里，每次见到堂伯父，他都是闲躺在藤椅上，似乎等着人上前去问候。张人骏曾经位至清末两江总督，被人称为"二大爷"，落败后不再关心时局，常年生活在苦涩和酸楚中。只是每次见到张煐时才会开心起来，不是问她又识了多少字，就是要拽着她背诗词。在张煐的记忆中，她年幼的世界里永远都是那些没完没了的背诵。背书她是愿意的，只是每每背到"商女不知亡国恨，隔江犹唱后庭花"这句时，二大爷总会情不自禁地流下眼泪，浑浊的泪水让张煐深深地感受到了文字的力量所在。直至成年，她才明白这位前清遗老对于往事和家族荣耀的无比眷念。

由于家庭的原因，张煐接触最多的是女佣人，亲密程度甚至超过父母。以至她在书中写道："生活像从前的老女佣，叫她找一样东西，她总要慢条斯理从大抽屉里取出一个花格子小手巾包，去掉了别针，打开来轻轻掀着看了一遍，照旧包好，放还原处，她对这些东西是这样的亲切——她找不到就谁都不要想找得到。"每每当她一个人发呆或者哭闹的时候，老佣人张干就会故意逗她："你这个脾气只好住独家村！希望你将来嫁得远远的——弟弟也不要你回来。"有次吃饭时，张干有意

# 第一章 远去的童年

无意间说到张煐筷子抓得近，以后嫁人嫁得远。张煐听后立即将手移到筷子上端，本以为张干无话再说，不料她又得意地说，抓远了自然要嫁得更远。张煐常被气得说不出话。在那个重男轻女的时代，弟弟张子静似乎比张煐受到更多的关注，但心强好胜的张煐不愿意表现出脆弱，而是生出来"锐意图强，务必要胜过我弟弟"的念头，执意要摧毁那个所谓八面威风的子静。子静自小体弱多病，书没有姐姐读得多，画画水平也相差甚远。他唯一的报复就是趁张煐不注意时，用粗笔在她画作上胡乱涂几笔。两人自然会为此争吵一番，有时也会憋着三五天不说话。

与弟弟之间的琐事，很快就烟消云散了。无论如何，记忆里的童年更多充溢着无忧无虑的美好。在《私语》中，张煐用一行行文字记录了许多天真童年的趣事，以及只属于那个时代的特殊记忆，"童年的一天一天，温暖而迟慢，正像老棉鞋里面，粉红绒里子上晒着的阳光"。

搬到天津生活后，少了兄嫂的严格管束，张志沂内心不再压抑，以往枯燥的生活也变得有趣起来。张志沂7岁丧父，母亲李菊耦平时又管教甚严，始终恪守着诗书传家的传统，在张志沂未进学堂前就开始口授经书，入学后又没日没夜督促学业。只要他不按要求完成功课，就会遭到打骂体罚。可以说，张志沂身上始终映射着母亲的影子。只可惜十年寒窗还未换得一朝金榜题名，大清王朝就已轰然坍塌。科举制度也很快被废除，一肚子四书五经已派不上用场。张志沂在这样的变故中进退两难，上不了朝堂报效家国，亦无法以钟鸣鼎食豢养家庭，就在新旧时代的交替变幻中,茫然无措。终生无法走出这个遗老家庭带给他的影响。

这些年里,尽得清贵遗风的张志沂秉承着父辈的温情与才气,并把名士风流发挥得淋漓尽致。父亲虽然守旧,却从不拒绝新鲜事物,他喜欢吃进口的罐头,热衷于购买各式汽车,当然也会在百无聊赖时阅读翻译的小说,甚至还取了个"提摩太·C.张"的时髦洋名。母亲心性善良,时髦优雅,讲究生活品位,气质华美浪漫,引人注目,尤其是"母亲立在镜子跟前,在绿短袄上别上翡翠胸针,我在旁边仰脸看着,羡慕万分,自己简直等不及长大"。以至于她对妈妈说:"八岁我要梳爱司头,十岁我要穿高跟鞋,十六岁我可以吃粽子汤团,吃一切难以消化的东西。"这所有的向往和母亲的耳濡目染密不可分,潜移默化中进入张煐的生活观念,举手投足,一颦一笑,都或多或少有着母亲的影子。

人世间总有太多意外,每一个开始都因憧憬,每一个分离都有失落。不知何时开始,张煐眼里原本的美好与和谐突然间都不复存在了。

突然有一天,大厅里的琴声消失了,家人们开始为姑姑张茂渊留学的事情忙碌起来。这个时候,母亲也不失时机地提出了陪读的请求。张煐知道,生性贪玩的父亲自从结交了一些酒肉朋友后,再也没时间陪母亲出门了,成天痴迷于捧戏子、逛赌城、玩汽车,更可怕的是他疯狂贪恋起大烟来,在吞云吐雾中让这个家充满绝望,几近窒息。母亲无数次的干预始终不见任何效果,便开始同父亲争吵。再后来,他们甚至连吵架的兴趣也没有了,母亲只能是消极抵抗着。只有姑姑似乎不在意身边发生的事，陶醉地练着琴。母亲心情好时也会附和唱几首歌，两个女人一唱一和，为冷清的客厅增添一丝趣味，但已能明显感觉到母亲的憔悴。

院子里的花儿盛开着，外面却是兵荒马乱，这里恍若世外桃源的安逸生活，与时代的发展严重脱节。

真正让母亲心无挂碍决心要走的原因，是父亲瞒着家人在外面包养了姨太太。母亲不顾一切地提出要远赴英国陪读，高兴的其实只有父亲，因为他终于可以放纵人生了。这也在张煐的心里留下了非常深的记忆："我母亲和我姑姑一同出洋去，上船的那天她伏在竹床上痛哭，绿衣绿裙上钉有抽搐发光的小片子。佣人几次来催说已经到时候了，她像是没听见，他们不敢开口了，把我推上前去，叫我说：'婶婶，时候不早了。'（我算是过继给另一房的，所以称叔叔婶婶。）她不理我，只是哭。她睡在那里像船舱的玻璃上反映的海，绿色的小薄片。然而有海洋的无穷尽的颠簸悲恸。"

1924年秋天，黄素琼最终以张茂渊监护人的名义，从了无生机的樊笼里为自己撕开一道口子。也就是从那天起，母亲在哭声中真正意义上改名为黄逸梵。"逸"是行走，注定她一生无法停歇的漂泊；"梵"是清净、修行，但命运偏偏没有按照她的想法来设计人生。

母亲的离去，张煐没有落一滴泪。但也就是在那一刻，她内心的爱慕和崇拜却变成了遥远的云烟。

这难道就是人生吗？

# 悲伤记忆

母亲最终离开了这个死气沉沉的家,就像努力挣脱了禁锢人心灵的牢笼一般。母亲的出走,带走了她的失望,也带走了她的抗争,留下的是与父亲无法化解的悲剧,还有终年无法散去的鸦片烟雾。

更多时候,张煐仍然会不经意地想起母亲。母亲平日里喜欢拍照,每次冲洗出照片她总会一张张地点评。张煐在照片里似乎永远都不会笑,呆头呆脑的像在想问题。若是偶然被发现有一张略带笑容的,母亲就会手捧照片激动很久,然后很快在上面涂各种漂亮的颜色。这时候,张煐就乖乖依偎在母亲怀里,静静看着这些奇妙的变化。

桌上各种凌乱的颜料和工具,毛笔灵巧地穿梭于色彩和照片之间,一番点染描画,红色的小嘴唇、蓝绿色的薄绸衣裳便跃然而出。绮罗香泽,淡然远岫,竟如此可爱迷人。这样的幸福感中饱含着母亲对女儿深广的真情,让张煐感受到了母亲的爱,也感受到了平凡生活中的温情。

母亲特别喜欢绿色，照片中的她也多映衬在丛绿之间，像极了美艳动人的花蕊。想母亲时，张煐就偷偷翻出照片，一张一张仔细端详，静静地体会弥留在指间的温柔，生怕漏掉了任何细节。于是，那一抹绿就幻化成了母亲远赴海外时的绿衣裙。记忆渐行渐远，而这一抹诗情绿意似乎日渐彰显出一种苍凉孤独之感，亦刺眼得让人落泪。以至多年以后，张爱玲出版的第一部作品封面上，也毫不犹豫选择了这样的绿。

绿色，就这样与张煐孤独相随。家里的生活突然平静下来。很多时候，父亲除了应酬，就待在书房里看书，根本没时间过问姐弟俩。张煐和子静倒也是无拘无束，以孩童般的天真撑起了一片极富趣味的天地。

有一天，张煐带着弟弟在玩游戏。瘦弱的子静突然问道："姐姐，你说妈妈好看吗？"

张煐没有吱声，她不喜欢有人打扰她。

"妈妈好看吗？"

"咱们的妈妈肯定是最好看了。"

"真的吗？"

"烦不烦啊，你又不是没有见过。"姐姐突然被这无休止的提问惹怒了，起身摆出了想发火的架势。

胆小的子静只得闭上了嘴，从他无辜的眼神中看得出，他还是希望能够再次地听到"妈妈"这个字眼。而张煐又何尝记得母亲的容貌呢？在她心里，母亲只是一段绮丽的风华往事，一抹淡淡的影子。

"妈妈不要我们了吗？"弟弟停顿片刻后又问道。

"不会，我们永远都是妈妈的乖孩子。"说到这里时，已经逐渐懂事的张煐泪流满面。

谁说没泪的人最无情，谁说坚强的人不会哭。那天和母亲离别的场景就像无法愈合的伤痛，只要想起就会隐隐酸楚。天空中纷纷扬扬下着雨，姐弟俩远望着母亲和小姑离去。母亲撑着油伞，提着行李。那渐渐模糊的绿色背影，和着来回翻滚的海水，让人无法分辨开来。依稀中，只见母亲站在人头攒动的船舷边不停地挥手告别。

流年飞度恨时短，梦里烟雨歌惆怅。以后的日子，只要一想到这刺目的绿色，张煐就觉着母亲走得并不坚定。母亲走后，父亲曾有过一段时间独坐在阳台前发呆。阳光斜斜地射过来，映照在他那张分外憔悴的脸上。是在想远去海外的妻子呢？还是感慨人世的沧桑？总之，在经历了一系列的变故后，张志沂早已习惯保持这样的姿态，他的风雅惬意全然被埋葬在心灵的废墟之中，谁也不知道他内心急切期盼的是什么。

院子里的快乐已荡然无存，那个要承载着家庭兴盛的梦想也似乎没落了。在孩子面前，张志沂似乎永远都是那么矮小，就像盘根错节的树根，在深秋的黯淡中流露着刻骨铭心的忏悔和失落。

"爸爸，爸爸。"张志沂没有答应，两眼盯着远处，同母亲的婉约美丽相比，那双眼睛流露出的无助，更像是充满着沉沉暮气的残阳。

"爸爸，妈妈什么时候回来？"

张志沂的身体才微微动了动,又过了好长时间才转过身来。

"是不是想妈妈了?"说罢,他怜爱地用手抚摸着他们的头。

接下来,又是长久的沉默。

一段时间之后,父亲似乎从沉寂中恢复了过来,做事情也变得肆无忌惮起来。不仅时常夜不归宿,还将养在外面的姨太太也接进了大院。姨太太叫"老八",住在一条不知名的小胡同里。张煐之前见过她几面,印象中她总是满身风情地倚在家门前,手里拈着手绢在等待着父亲到来。说不清楚为什么,她对这个浑身珠光宝气的女人打心眼儿里反感,内心总涌起一阵莫名的幻灭感。有好几次张煐走到了门口,却死死抓住门框拒绝进去,任凭父亲如何用力拽,她更像发了疯似地乱蹬乱踢,后来干脆躺在地上大哭大闹。现在这位姨太太满脸笑容地走进来了,张煐重新感到了困惑,就像有一根绳索套在了脖子上。大院里就这样又热闹起来,每天都人来人往,处处莺歌燕舞,阳光似乎也跟着喧嚣起来,只是裹挟着某种酸腐的味道,更意外的是,新来的姨太太很喜欢张煐,不时地带她去外面的舞厅。灯红酒绿的光影中,各色人等来回晃动着,张煐看着看着就会头晕起来,最终迷迷糊糊地让佣人背回了家。

姨太太旋风般扑面而来,结束的是凄清冷漠的一段时光。对于孩子们来说,单调的童年又添了许多真实的记忆。

无论如何,作为母亲的黄逸梵始终牵挂着孩子们,为了慰藉因母亲缺席而带给孩子们的遗憾和悲伤,她会不时地从海外邮些好看的衣服和玩具回来。与母亲相比，身为风尘女子的老八完全是一副市侩气息，她做事情完全视其心情而定。不知哪天开始，老八突然变得暴戾起来，对下人不是打就是骂，大家常常躲着她走。在张煐眼里，她与父亲也开始了咄咄逼人的争吵，激烈时还会从屋内折腾到院子里，旁若无人。

这位平日里娇艳的姨太太吵架时完全是气急败坏的另一番模样，一边破口大骂，一边还破坏屋内陈设。即便她这样胡作非为，父亲也不去指责，依然抽着大烟吞云吐雾。张煐心里却极不乐意，这屋里的摆设都是母亲精心布置的，怎么能摔呢？见父亲不吱声，她也只好把不满埋在心里。父亲的沉默并没有换来老八的收敛，有次吵架，她直接拎起手边的痰盂，劈头盖脸地朝着人扔了过去，结果正好砸在张志沂头上。父亲的高大形象被砸得体无完肤，那情形就像落水狗一样羞愧难当。所有这些琐碎和嘈杂，潜移默化中改变着张煐对家的看法。

两个人的战争就这样爆发了。

这座大院像是一座倾颓的舞台，两个人无休止地表演着，暴力、喧杂轮番上阵，免不了让人看笑话。这样的生活，断然不是张志沂追求的。虽然是败落的官宦子弟，但他内心始终向往"诗酒随和"的幸福，在乎的是独立门户的风光潇洒，而现在除了无聊的争吵，就是和朋友一起花天酒地。当所有的新鲜感云雾般散去之后，那些舞场、赌场以及鸦片烟带来的缥缈快感只能徒增烦恼。

这出"好戏"成了大家口口相传的谈资。挥霍家业的父亲已许久没去上班，吸食鸦片、吃喝嫖赌的事又让他在单位声名狼藉。张志沂失去了秘书工作，还波及了张志潭的交通部部长一职。随着张志潭的职务被罢免，失去靠山的张志沂开始把所有不快全发泄在老八身上，并一怒之下赶走了她。"我坐在楼上的窗台上，看见大门里缓缓出来两辆塌车，车上都是她带走的银器。仆人们都说：'这下子好了！'"

"窝里斗"的闹剧就这样结束了，坍塌的舞台上再也没有了笙歌舞影。在张煐早慧的世界里，这一件件不可思议的事，都成了她日后写作的素材。家道的不幸，让她在经受的同时也逐渐学会了沉默面对。那种分离的感受，人世的变幻，也许只有再长大一些才能体会得更深刻。只是在夜深人静的时候，家庭变故带来的阴影，会浓缩成各种不可言说的情绪隐藏在夜色里，成为童年生活中一种基调悲伤的记忆。现在来看，排解张煐内心孤僻、敏感的最好办法，就是用文字表达内心。从那时起，她已有了真正意义上的写作，那就是出人意料地完成了一部关于人性的小说——《理想中的理想村》。没多久，她又兴致勃勃地写起了历史小说，不过只坚持到第六回就放弃了。这些创作，完全可以视为她心灵上的情感表达。正是这种稚嫩的尝试，让她终生与文学结缘。

张志沂失去了工作，天津这个家再待下去也没有了意义。何去何从？思虑之后似乎也只能回上海了。迫不得已的人生歧路，刺激着张志沂。可是人生就是这样，一系列打击让才三十出头的他已无法招架。

彷徨的岁月，不知何时才能终结。张志沂想着他也曾为自己的生活设想过各种不同的面貌，但现在落得如此境况，无疑是放纵太久后的醉生梦死，内心找不到寄托而生出了绝望。于是，一个无人的夜晚，他思前想后，还是对孤独的碎影注射了过量的吗啡。

自杀带来的也不过是失落与绝望。好在家人发现得及时，等张志沂从死亡线上重新回来时，才发现一蹶不振的人生恍如噩梦。剧烈的思想斗争后，他痛改前非并真诚写信给黄逸梵，盼望她能早日回来。

黄逸梵一到国外，便对那里新鲜、自由的生活产生了浓厚兴趣，她广泛的爱好在这个自由天地里尽情施展，她迷恋上了油画创作、跳舞、开车兜风、游泳、社交，这些新鲜多彩的生活让她脱胎换骨成为那个时代的新人类，也让她很快忘记了家庭的不幸。成日鲜衣华履，出入上流社会的黄逸梵不仅能同上层贵族、知识精英谈笑风生，甚至敢以三寸金莲的勇毅在阿尔卑斯山上滑雪，那谈笑自若的神情，让人无法想象她有着一颗多么坚强的内心。她努力学习着各种新鲜事物，很快就成了社交圈里最亮丽的一道风景。正如张爱玲在《对照记》中提到母亲："她踏着这双三寸金莲横跨两个时代。"在那段让人陶醉的时光里，黄逸梵忘我地适应着时代潮流，绽放着明星般的光彩。她与徐悲鸿和蒋碧薇是邻居，与沈宜甲、赵梅伯、吴作人等人情若故知，也因一种孤傲却又不乏热情的魅力，而始终不乏引人注目的光辉。只是夜深人静时，繁华消失殆尽，对于儿女的思念就如同决堤的洪水般肆意流淌。也是在这样的时刻，这份源自母爱本能的牵挂让她的心里充满了柔情。

在英伦的岁月，无疑充满着太多梦想和笑声。直到有一天，黄逸梵收到了一封国内来信，信封上是张志沂熟悉的笔迹。除了满纸的相思之情外，还夹带着一张他本人的照片，后面端正地写着一首诗：才听津门金甲鸣，又闻塞上鼓鼙声。书生自愧拥书城，两字平安报与卿。

张志沂的书信还是不经意地惊醒了她的梦，让她内心也充满自责。可以说，她是怀着不安的心情读完这封信的，那一刻，她下定决心回国。

当身着时装的黄逸梵和姑姑出现在上海码头时，全家又重新沉浸在无比的喜悦中，作为一家之长的张志沂，也露出了难得的笑容。为能以全新的形象面对黄逸梵，他不但强制戒了毒，还专门打扮了一番。单纯的孩子们也过年一样围在母亲身边跑来跑去，沉寂许久的家有了生机。

时光如水，屈指算来已过去了四年。此时的张煐已经8岁。

1928年，失业的张志沂无奈地从天津又搬回上海。为了挽救婚姻和子女的教育，母亲也从遥远的海外辗转归来，对小张煐来说，这一切仿佛大梦初醒。一时间，父亲的烟榻、烟灯突然全没了踪影，屋里的摆设又恢复成以前的模样，就连以往陈旧的古董、银器等家什，也在悠然的情趣中泛出耀眼的光彩。生活每天都在发生着变化，家里新添置了钢琴、油画架、留声机等摆设，还不时会邀请朋友来家里参加舞会。轻音曼妙、华灯溢彩，于婀娜多姿中传递着高雅的生活情调，于轻松愉悦中饱含时尚的生活态度。在新思想的影响下，黄逸梵开始着手教张煐学习钢琴、绘画，让她早早接触西方的教育理念。张煐特别喜欢这些课程，尤其在绘画方面表现出不凡的天资。那时的画多是身形优美的女子，长长的睫毛下是又大又圆的眼睛，像极了母亲。她每天都不倦地画着，展现着自己内心对美的感受。在给天津的小伙伴写信述说这些开心事时，会忍不住一连写上三四页，有时还会附带有趣的漫画，连写带画讲述着新家的种种美好。情绪感染之下，她又自作主张把卧室墙壁涂成橙红，在上面画上了各种可爱的小人。温暖而又亲切的色泽中，她开心地玩着、画着、唱着。"自己喜欢橙红色那种温暖而亲近的感觉，就连蓝椅配上旧的玫瑰红地毯，不搭调，也觉得分外好看。"张煐太享受母亲在家的感觉，就如同眼前这颜色。心灵的共鸣，让她在西式的教育和熏陶下，也逐渐表现出不凡的气度。

从记事以来，这大概才算是真正久违的快乐。很多年后，张煐依然将这些细节记得清清楚楚。只是好日子并没有持续多久，因为子女教育的问题，黄逸梵和张志沂又发生了争执。最要命的是这个生性软弱的男人，竟然又重新躺在烟榻上吸起大烟来。身处呛人的烟雾之中，对婚姻还抱有希望的黄逸梵彻底失望了，终于还是协议离婚了。不过她坚持的事情从来不会放弃，最终还是顶着压力找了个机会，将女儿送到美国教会在上海创办的黄氏小学，直接插班在六年级就读。也就是从那时开始，张煐正式步入学校，开始接受西式教育。据说在填写入学证明的时候，母亲为了让她的名字叫得响亮些，又起了英文名Eileen。这样的无意之举，却让张爱玲这个名字在以后的岁月中，散发着不凡的魅力。

## 世相观察

1931年9月,张爱玲来到了圣玛利亚贵族女校就读。

圣玛利亚贵族女校始建于1881年,原名为圣玛利亚书院,坐落于风景优美的中山公园西南侧。透过一片郁郁葱葱的树木,远远地就能看见古希腊风格的建筑群。走进校园,无论是风格优美的教学楼,还是长满青藤的钟楼,以及气势恢宏的图书馆、屋顶陡峭的古典式外廊、有着宗教色彩的礼堂、宽阔碧绿的大草坪,巧妙自如地镶嵌在一起,整个布局严谨中透着恬淡,有着鲜明的西方文明气息,让张爱玲心中欢喜。

作为当时上海滩最负盛名的两大美国基督教会学校之一,圣玛利亚贵族女校以培养出许多当红影星、名媛淑女而名噪一时。能来这样幽雅的环境中接受教育,对张爱玲来说自是难得。当时,这所学校主要招收上海市中上等家庭的子女,除学费不菲之外,在学制与课程设置上也与众不同,学校严格按照美国教会的办学宗旨和教学内容,力主培养中西文化兼备的人才。日常的教学中，课程又被分为中文和英文两种，而且更突出了英文的讲授和运用。除必修课之外，又针对女生特点开设了社交、礼仪、缝纫、刺绣等训练课。

为激励学生，学校还规定成绩优异者，可以直接保送英、美等欧洲国家名牌大学就读。好多名门望族的孩子被送到了这里，其中就有林语堂的夫人廖翠凤、上海市市长吴国桢的表妹俞秀莲、厦门巨富陈天恩的女儿陈锦端等人。与这些新贵们相比，张爱玲的家庭已经不值一提了。

圣玛利亚贵族女校素以教学严谨出名。这种教育既带有家庭私塾的意味，这让从小习惯背书的张爱玲多少有点熟悉；同时也吸引着、引导着她不断探索。在这样的环境下，张爱玲的成绩总是名列前茅。

虽然成绩优异，可张爱玲似乎并没有想象中高兴。相反，她内心经常涌现出一种超乎同龄人的孤独与敏感，这种情绪似乎很反常地成了她青春时期的底色。无疑，反常是她对于人生的叹息，是豆蔻年华下的孤独落寞。就像从山上望下去的万家灯火，一个人的心情，只有自己懂得。

张爱玲敏锐而又冷酷的笔触，从那时起就已成为陪伴她苍凉现世的精神享受。"青春如流水一般的长逝之后，数十载风雨绵绵的灰色生活又将怎样度过？"

在那个衰颓的时代，张爱玲内心始终空荡荡的。她从小性格内向，又不喜欢运动，给人感觉身上好似总散发着沉沉暮气，像个病恹恹、懒兮兮的人。学生时期必然要与这么多同学朝夕相处，自卑的她因为不善言辞，常烦恼于如何交际。但张爱玲默下决心，要以崇拜已久的林语堂先生为榜样，争取在写作上有所作为。

枯燥乏味的学校生活及各种约束，让张爱玲极不适应。学生宿舍前立有制式鞋柜，学生平时要将不穿的鞋子摆放其中。负责卫生的舍监异常严厉，一周内会不定时地检查好几次，如果发现有人不按要求胡乱摆放，就会不留情面地将鞋扔在走廊中间以示惩罚。

张爱玲每次都会"享受"如此待遇，但她永远都表现出一副云淡风轻的模样。舍监讲多了，她也会懒洋洋地回应："我忘了，对不起。"在交作业上，也同样如此，她找遍各种理由忘记带作业，同学们还给她起了个"我忘了"的绰号。

她这种不拘小节的生活习惯与优异的学习成绩间的巨大反差，更是会在学校引起各种各样的话题。

长期吸烟，张志沂的身体每况愈下。虽说此前为了爱玲和弟弟的成长，父母关系在形式上有所好转，可张志沂重新染上烟瘾后，那短暂的快乐也已烟消云散。离婚后失望至极的黄逸梵一方面担心子女，另一方面又自我压抑，内心苦闷，但仍然再次决定弃家远赴海外。

人世变迁，命运浮沉，皆不由人。耐不住寂寞的张志沂很快又要结婚了。1934年，张家大院里又多了一位花枝招展的女人，她就是张爱玲后妈孙用蕃。这位人称"七小姐"的孙用蕃，是民国北京政府国务总理孙宝琦的女儿，性格外向，交际广泛，和赵一荻、陆小曼等人亲如闺蜜，也算是当时的风云人物。一个是刚刚离婚，一个是大龄未嫁，两人便不冷不热地住到一起，一切都顺其自然，更难得的是两人都有着抽鸦片烟的兴趣。张爱玲觉着眼前的一切，更像小说中虚构的情节，既没有怨恨和不平，也没有任何不理解。不过她还是在纸上写下了这样的话："我父亲要结婚了……如果那女人就在眼前，伏在铁栏杆上，我必定把她从阳台上推下去，一了百了。"

在张爱玲看来，单调乏味的家庭生活和学校一样沉闷。就在这时，担任国文老师的汪宏声给她带来了些许开心。可别小看了汪宏声，他曾深刻地影响过张爱玲的写作态度，尤其是其担任了圣玛利亚贵族女校国文部主任后，为扩大学生的阅读面，他要求各班级必须订阅报刊，又组织部分教学骨干参与修订教学课程，还定期编辑出版校刊《国光》，鼓励教职员工动笔书写生活趣事、见闻。在那个纷繁变化的时代，这样的改革着实让人耳目一新，可以说，既为强化学生的阅读写作能力提供了平台，也极大地拓展了学生的知识面。多年以后，那时常在《国光》杂志上发表文章的张爱玲，依然能想起和蔼可亲的汪先生来。

真性情的汪先生，举手投足之间都流露着不凡的个人魅力，也引导、激发了张爱玲对文字的热情。她一直记得他第一次布置的作文题目是"学艺叙"和"幕前人语"。所谓学艺，指学生学习各门艺术的经过，叙，则是用文字叙述、述说；"幕前人语"即是对于一部电影的观后感。

来这所学校就读前，张爱玲已经在母亲的严厉要求下，日复一日地练琴、画画、学英文。现实生活中，看电影是张爱玲的最爱，每次只要有新片播映她从不会落下，也会在观影后写下些观影感受。她很快就上交了习作《看云》，行文流畅、语言华丽的文笔让汪老师喜出望外，当着全班人对其高度评价："富于哲思，有着意境深远的诗意表达，甚至超过了我的水平。"他还在课堂上声情并茂地朗诵了这篇文章，当他将坐在最后一排的张爱玲叫起来时，不禁大吃一惊。"一位瘦骨嶙峋的少女，不像绝大多数女生那样烫发，衣饰也并不入时。那时风行窄袖旗袍，而她穿的则是宽袖，走上讲台来的时候，表情颇为板滞。"

文字与人之间的强烈反差，更坚定了汪老师的一片惜才之心。从此以后，张爱玲的作文便成了班上雷打不动的范文。《国光》校刊更是将其视为难得的文学苗子来培养，邀请她和老师一起编辑稿件，可能是不愿与人交流，张爱玲每次都拒绝。她沉默地执着于对文字的喜爱，仍不断用行动证明着对于写作的热情。

那些日子，得意与失落在张爱玲的世界反复交织着，让她在光阴的沉浮中感受着世间万事万物。虽然她的生活平淡无常，却也不乏关爱，除了汪老师之外，历史老师也对张爱玲的际遇心怀同情，自掏腰包赠予了她八百块钱。面对着这厚厚的一沓钱，内心涌起的又何止是感激和喜悦呢？那一刻，张爱玲的心就像是干裂的土地，被这股暖流缓缓漫过，她终于还是忍住了奔涌欲出的泪水，用难得的笑容回报了这份真情。

张爱玲的写作天赋，其实早在汪宏声未入校前就已小有名气，她也将发表文字当作人生的最大乐趣。圣玛利亚女校出版的《凤藻》校刊，先后刊载过她的数十篇习作。其中，发表在第十二期的处女作《不幸的她》，令人印象深刻。"在这壮丽的风景中，有一只小船慢慢地棹桨而来：船中坐着两个活泼的女孩子，她们才十岁光景，袒着胸，穿着紧紧的小游泳衣，赤着四条粉腿，又常放在船沿上，让浪花来吻她们的脚。像这样大胆的举动，她俩一点儿也不怕，只紧紧地抱着，偎着，谈笑着，游戏着，她俩的眼中流露出生命的天真的诚挚的爱的光来。"

一个才十二岁的学生，虽然一时半会儿还无法摆脱内心的那份自我，但从文字中表现出的如泣如诉、缠绵悱恻，却早已让人忍不住要夸赞其早慧。说到底，这些也与汪老师不吝赏识、大力荐举息息相关。汪宏声无疑是她文学创作上的伯乐。张爱玲成名之后，汪老师还写了篇《记张爱玲》的文章，其中的浓浓爱意，更是反映出老师对学生的器重和厚望，这也为以后深入了解、研究张爱玲，提供了一份难得的资料。只奇怪的是，张爱玲后来的文字中，却从未提及过老师汪宏声。

之后，张爱玲又在校刊上发表了小说《霸王别姬》。小说不落俗套，语词简约凝练，华美的笔调中传达出了人物性格、人性命运，没有刀光剑影的激烈，也没有卿卿我我的缠绵，从对虞姬自我牺牲的美感刻画中流露出来的理性，深刻表现出她对虞姬的认可和尊重。当虞姬拔剑毫不犹豫刺进自己的胸口时，清醒但不失情趣的女性形象跃然纸上，让人看到的不只是垓下决战的残酷，还有着读者无法索解的情愿与绝望。

张爱玲对于传统文学手法的探索与表现，完全剔除了通常历史舞台上的悲剧殉情形象，让这些熟知的人物形象与此前大相径庭。绝大多数人都不相信小说会出自张爱玲纤弱之手，可汪宏声却对文章赞赏有加，并在课堂上与郭沫若先生的《楚霸王之死》一文进行了比较："爱玲君的《霸王别姬》用新的手法、新的意义，重述了我国历史上最有名的英雄美人故事，写来气魄雄豪，说得上是一篇'力作'。"

姑姑张茂渊极为疼爱张爱玲，也试图走进她的内心。无论对她说什么话，张茂渊都会顾及那颗敏感脆弱的心。但张爱玲的内心似乎总交织着复杂的情感，显得特立独行，令人不解。她内心的孤高与独立，是冷静的早熟与自尊，而这些对她的文学才华乃至以后的人生影响都非常深远。

那个忧伤似海的家庭，曾经的风景正随着黄逸梵的再次离去而不复存在。对张爱玲来说，无处诉说的凄凉之感与人生的悲欢离合，都成了深藏内心的恐慌。至少她当时的认知是这样的。

没有了母亲这棵大树的庇护，后妈孙用蕃便变得面目可憎起来，她似乎从不在乎张爱玲的感受，经常让张爱玲穿她淘汰下来的所谓时装。苦于无奈，在圣玛利亚女校的那片风景中，只有她时常"身穿充满冻疮的旧衣服，自卑而又可怜地从同学面前走过"。胸中无名的愤怒火一样随时都会燃烧起来。张爱玲在《童言无忌》中曾经写道："有一个时期在继母统治下生活着，拣她穿剩的衣服穿，永远也不能忘记一件黯红的薄棉袍，碎牛肉的颜色，穿不完地穿着，就像浑身都生了冻疮；冬天已经

第一章 远去的童年

过去了，还留着冻疮的疤——是那样的憎恶与羞耻。"

此后，张爱玲与后妈成了冤家对头。随着各种纷至沓来的家庭矛盾，张爱玲内心徒增了无尽的怨恨。父亲依旧没事就抱着杆烟枪，颓废地躺在床上吞云吐雾。原本胆小的弟弟无人管教，虽受尽了后母的百般折磨，但还是逆来顺受地开始了游手好闲的生活。这些景象如同荒草般疯狂生长，影响着张爱玲的心灵。这种情形下，她只能逃到姑姑家寻得暂时的安宁，但更多时候还是喜欢待在学校里写作。命运不济，在她原本可以享受美好生活的年龄，却要面对人生的种种伤痛。在张爱玲的记忆里，弟弟软弱善良，到最后"为了一点小事，我父亲打了他一个嘴巴子。我大大地一震，把饭碗挡住了脸，眼泪往下直淌。我后母笑了起来道：'咦，你哭什么？又不是说你！你瞧，他没哭，你倒哭了？'我丢下饭碗冲到隔壁的浴室里去，关上门，无声地抽噎着。我立在镜子面前，看我自己掣动的脸，看着眼泪滔滔流下来，像电影里的特写，我咬着牙说：'我要报仇，有一天我要报仇。'"

在这种情绪中，张爱玲发现，家就是囚禁人性的牢笼，她必须离开这里，到一个有着自由的地方去。临近毕业时，她在年刊调查表一栏中不假思索地填下了："最恨——一个有天才的女子忽然结了婚。"

终于毕业了，一心想要通过求学寻找自由的张爱玲，准备报考英国伦敦大学。母亲黄逸梵为了张爱玲留学事宜回国。而留学一事却被张志沂武断地加以拒绝。平心而论，张志沂平日里喜欢女儿居多，他此刻内心的愤怒在于张爱玲的"背叛",她曾在《私法》中写道:"母亲回国来,虽然我并没有觉得我态度有显著的改变,父亲却觉得了。对于他,这是不能忍受的,多年来跟着他,被养活,被教育,心却在那一边。"

"你说什么?这些年我供你吃供你穿,又供你上学,你才刚毕业就想走了?告诉我,你是听了谁的挑唆了?"父亲怒不可遏,他从烟榻上跳了起来,把手中的烟枪重重地摔在地上,四散的玉斑飞得到处都是。

后母孙用蕃此时也用一种鄙夷的神情,煽风点火地说:"你说你娘,既然离开了这个家还要操心这里的事,如果真舍不得你们那就回来啊!不过,她回来了也只配做个姨太太。"张爱玲只能伤心欲绝地回到母亲身边,既是对自我的疗伤,又是对母亲的安慰。

大概两个星期后,张爱玲心想父亲应该心平气和了,才不安地回家,正在里屋搓麻将的孙用蕃听到脚步声后走了出来,一看是张爱玲,便劈头盖脸对着她就是一巴掌:"你这个要死的家伙,跑到哪里去疯了?你眼里到底还有没有我这个当妈的?"莫名其妙挨打后,张爱玲拔腿要回自己的房间,但孙用蕃不依不饶,挣脱了佣人的阻挠还要打,直至看见张志沂远远走过来,她才装着委屈的样子罢了手。

"瞧瞧你养的种,她竟然动手要打我!我不活了。"不明就里的张志沂,朝着惶恐的张爱玲就是一顿暴打。

"我没打人,我没有打人。"张爱玲无力地争辩着,却始终无法从父亲的大手里挣脱,她的头皮痛得厉害,头发仿佛要被拽掉了一般。软弱的父亲把对于母亲的怒火，飞沙走石般都宣泄在女儿身上，张爱玲的喊叫声愈大，他下手就愈重。第一次受到这样的痛打，张爱玲连死的心都有了，她晕头转向只顾着朝大门口跑去。这种求生的本能再次激怒了张志沂，干脆老鹰抓小鸡一样又把她抓了回来，直接禁闭在后院的黑屋子中。

父女感情发展到这种地步，是谁也没有预料到的。从对立的仇恨中，张爱玲甚至从绝望中想到了死亡。从此，这种绝望如同瘟疫般散布开来，也让她对父亲的感情全然消遁。

黑屋子里真的好黑啊，漫无边际的黑暗让她从内心深处生出无限恐惧。从被推进去的那一刻，张爱玲十七岁的人生便彻底改变了。不知经过多少哭闹、绝望后，张爱玲开始渴望着自己能像基督山伯爵一样逃出去，选择自己的人生。

每个人都有自己的命运，张爱玲知道，要想过真正属于自己的生活，就必须有勇气从这里逃出去。就在这时，张爱玲患上了痢疾。常言道：老怕伤风，少怕痢疾。反复的发热、腹痛，以及无休止的黏液脓血便，把这个心比天高的丫头折磨得死去活来。父亲知道后，对此视而不见，只有老佣人张干心里格外焦急，唯恐这个一手带大的孩子有个三长两短，便偷偷地找到孙用蕃，恳求她能请个医生为张爱玲治病。也许是被张干的描述吓坏了，孙用蕃这才请来了医生。

等张爱玲身体痊愈的时候，她被关在黑屋子里已有半年。她懂得人生有限，没必要把生命浪费在其他人身上，张爱玲听从心灵的指示，勇敢地奔着自己想要的生活去了。她从窗户上爬了出来，趁黑一步一步摸到了生锈的铁门边，颤抖着手，用尽全身力气打开了沉重的门，外面积蓄已久的风一下子吹进来，顿时吹活了全身的精神；外面的微光一下子照进来，照亮了封闭的内心。"我在街沿急急地走着，每一脚踏在地上都是响亮的吻。而且我在离家不远的地方和一个黄包车夫讲起价钱来了——我真高兴我还没忘了怎样还价。"

家庭的无端变故，让张爱玲深感"中学时代是不愉快的"。也就是从那夜开始，除了自己喜欢的文字，张爱玲中学时代的梦想结束了。

漆黑的夜空中，难得见到几丝星光，她深深地吸了一口清新空气，内心感到无比轻松，因为所有的一切都在迈出张家大院那刻结束了。

爱竟然如此不堪一击。离开父亲后，张爱玲跟着母亲住了，在张爱玲眼里，母亲是"辽远而神秘的"，"我用一种罗曼蒂克的爱爱着母亲"，从刚住进来问母亲要钱觉得"亲切有味"，后来母亲也日陷窘境，对内心敏感的张爱玲来说，"三天两天伸手问她拿钱，为她的脾气磨难着，为自己的忘恩负义磨难着，那些琐屑的难堪，一点点地毁了我的爱。"或许是母亲对张爱玲期望太高，她一边可怜女儿，一边又无情地打压她。最让张爱玲不可思议的是，母亲在这个当口提出了读书还是嫁人的问题。若要嫁人，省下的学费便可来"装扮自己"；若要读书，便不能随心所欲地拥有各种时髦服饰。

张爱玲没有迟疑地选择了读书，她渴望自由，渴望见识外面的世界。

当童年的狂想逐渐褪色的时候,我发现我除了天才的梦之外一无所有——所有的只是天才的乖僻缺点。

## 第二章 出名要趁早

成名传奇
风华初绽
路在何方
书香读心

## 书香读心

人生不过如此,恍若初醒的梦。

张爱玲的少女时代就在这样凄惶的逃跑中结束了,这个有着贵族血统的女子带着简单的行李,只身穿过熟悉繁华的大上海,即将开始她人生中第一次远行。翻腾的海浪不时地把冰凉彻骨的水花拼命推上船舷,任雪白的泡沫飞溅开来,在天崩地裂的撞击中发出"哗哗"的吼声。

1939年秋天,英国伦敦大学远东区(包括日本、菲律宾、马来西亚、中国香港等国家和地区)首次在上海进行招生考试,学霸张爱玲毫无悬念地以总分第一的成绩顺利通过考试。只是她还没有来得及享受这种喜悦,第二次世界大战不合时宜地爆发了。

倾心却无缘,似乎成了张爱玲日后的人生写照。战争带来的不仅仅是时局动荡,战争的硝烟很快湮没了张爱玲继续深造的梦想。英国自然是无法去了,而这所英国公立联邦制大学,也成了无比遥远的梦想。

## 第二章 出名要趁早

18岁的张爱玲再次体会到生之艰辛。纠结之际,她意外接到了可以持单改入香港大学就读的消息,为了不耽误学业,她只好来到了香港大学文学院学习中文及英文。

沿着蜿蜒的石阶向上,她逐渐看清了茂盛苍翠下包藏着的楼房,爱德华式风格的建筑清新淡雅,层层叠叠地构成了位于半山上的香港大学。高挑的门厅雍容华贵,圆形的拱角精致平实,富于人情的简约结构,和谐自然的视觉效果,无形中隔绝了浓烈的阳光和炙人的热气。

香港大学成立于1911年,作为香港真正意义上的第一所大学,先后培养出了孙中山、朱光潜等名人。与圣玛利亚贵族女校相比,这所大学施行的是英联邦教育体系,在教学上采用了全英文的授课方式,尤其是它的开放与包容,吸引着无数的莘莘学子。

在港大,孑然一身的张爱玲独有的兴趣便是沉浸于浓厚的英语氛围中,提高学习英语的兴趣,进一步了解世界各国的文化与历史。独特而又丰富的中西文化交融环境,悄无声息地奠定了她文学创作的基础。

在这洋溢着新鲜韵味的环境中,张爱玲并没有迷恋于优美的校园景致,仍始终压抑着内心的情绪。破碎的心,痛苦的泪,无法抵挡的寂寞和孤单,都代表着她当时最为真实的心境。

那时的香港已逐渐呈现出了繁荣旺盛的景象。灯火璀璨的摩天大楼,奢华疯狂的娱乐消遣,不时吸引着成千上万的人去淘金。可这些在张爱玲看来,一如港大单调平凡的生活,根本无法与大上海相提并论。

她唯一能够做的就是用功学习，孤高地活在自己的世界中，从不参加任何活动。当同学们展现漂亮的衣服时，她在教室里用功；当同学们谈笑着外界的风华时，她仍然在刻苦读书。功夫不负有心人，她每门功课都名列前茅，大二时又获得了两个文科的奖学金。种种生活琐碎于无形中磨砺出波澜不惊的心胸，诠释出一种难得的平和。

张爱玲每天都遵循着图书馆、教室、宿舍三点一线的生活，当她已经习惯的时候，日本突然偷袭美国珍珠港基地，太平洋战争爆发了。1941年12月8日凌晨3时，由日军酒井隆中将率领的第二十三军登陆马来半岛，随后在猛烈的炮火掩护下，突破了国境线上的铁桥，朝着"醉酒湾防线"奔袭。与此同时，海、空军分别出动舰艇和轰炸机，密集轰炸香港启德机场、油库等目标，整个香港弥漫在滚滚黑烟和冲天大火中。

从那夜开始，纸醉金迷的繁华不复存在了，取而代之的是划着火光的炮弹。到处都是惊慌失措的叫喊、奔跑，许多人从睡梦中醒来，又在奔跑中倒在了街巷，很快就有人踩了过去，地上满是横七竖八重叠着的尸体。火光时不时地从码头、房屋中蹿出来，狰狞的火舌很快就蔓延开来，甚至连远处的水面上也燃起了火，似乎要把之前的寂静吵醒一样。飞机夜以继日地狂轰滥炸着，机枪突然也在火光遮天中疯狂地扫射开来，残忍地朝着人群射去，房屋也开始坍塌，发出沉闷的撞击声，所有的一切似乎都要被粉碎了。最初的一刹那间是可怕的，渺小如蝼蚁的张

## 第二章 出名要趁早

爱玲也追随着人群乱窜，像没头没脑的鱼淹没在惊慌失措的人群中。想到曾经为了能读书而不惜断绝父女关系逃出重重宅门，现在继续深造的梦想眼看就要因为战争破灭了。虽然内心有千万个不平，却没有了任何抱怨的气力。

没过多久，港大被征用为临时医院，没有书读的张爱玲，无奈之下只能重新谋划人生的出路。

所有人都在战争中惶惶不可终日，但又不得不学会面对。经历的种种不堪，也让张爱玲看清了世态炎凉，她在《烬余录》中这样写道："我们对于战争所抱的态度，可以打个譬喻，像是一个人坐在硬板凳上打瞌睡，虽然不舒服，而且没完没了地抱怨着，到底还是睡着了。"面对沉浮不定的命运，学校开始停课，学生们只能四处躲藏，只有热衷于社交的女大学生们最为开心，她们把停课当成难得的乐趣，每天频繁更换华丽服饰，出入各种声色犬马的场合。而张爱玲就没有如此惬意了，在无法回家的情况下，她只能报名去参加守城以解决临时的吃住问题，一身格外臃肿的棉袍，在荒乱中随着人流不停地奔走，让人实在无法想象她彼时的模样。这种时刻躲避的"身世之感"，也让所有不相干的事全部杂陈在一起，虽说不是大起大落，但也没有大悲大喜，她从战火纷飞的场景中看清了人生的真实面相。

面对无休止的硝烟战火，这座城市每天都上演着生死离别，而与个人相关的一切都显得那么微不足道。凄凄去亲爱，泛泛入烟雾。世事莫测让清心寡欲的张爱玲心中备生诸多冷漠，让她那颗不安的心始终无法平静下来。如果没有这场战争，她也不会从慌乱中发现不同的面目。比如，炸弹呼啸着掉进了学生宿舍，正当舍监催促大家进防空洞躲避时，却有不少同学要将塞满服饰的大皮箱一并托走。生死一瞬，众人好言相劝仍是一意孤行。还有的同学更是天真得不可思议，上解剖课时竟然会幼稚地问老师，这些尸体要不要给穿上衣服？这些话题，都在深深刺激着十分敏感的张爱玲，让她无端地生出许多恨来。这恨，只能徒生对人生的倦意，让原本就不热情的生命变得更加虚无。

无情的战争也让张爱玲时刻担心自己会死去，可她顾虑最多的竟然是死在陌生人当中会不会难受。比起那些乱世狂欢的人，张爱玲的担忧看起来是那么实际，人心慌乱的世间，心底也不免有一丝荒诞之感。

在港大旁边，英军修建了坚固的驻防要塞，只要日军的飞机来这里轰炸，高射机枪就会从掩体里喷出火焰狂射，子弹横飞、弹片四散，只感觉周围的建筑在摇晃、下沉。枪炮让熟悉的风也变得阴森起来，残破的建筑仿佛被烧焦了，四面八方都冒着滚滚烟尘，散发出恶臭。长长的街道上再也看不到任何一辆电车，取而代之却是一具具横七竖八的尸体、胡乱丢弃的战车辎重。一面战旗斜斜地插着，从千疮百孔中已经能够感受到这场战争的惨不忍睹。

密集的枪炮声包围着这群学生，他们胡乱地挤在黑暗潮湿的防空洞中，紧张得话也不说，只有全身在不停地颤抖、颤抖，连往日那些花枝

## 第二章 出名要趁早

招展的女同学,这时也知趣地不再秀漂亮着装,胆怯地把头埋进身体之中。流水般的炸弹从天空中抛下,就听见波浪汹涌中发出接连不断的尖叫声,这声音不时地充斥着这处狭窄的空间,似乎要把这里的封闭刺破。疯狂的叫声过后,伴随而来的又是无比可怕的沉寂。这时没有一个人敢有丝毫的晃动,最终有同学无法承受这恐惧带来的巨大压力,突然在沉闷中放声大哭,哭声像瘟疫般散布开来,紧紧揪着这些乱世中的人。

一直在同学面前自诩"不称职"的张爱玲,那时担任着防空员,每每要等安顿好大家之后,才将从图书馆顺手带来的《醒世姻缘传》迫不及待地打开,自顾自地陶醉在书中,她既不会在乎别人怎么看,也不管外面的炸弹如何轰炸。正当大家都恐慌地为着生存四处躲藏之际,看书总是很容易投入的张爱玲却是"马上得其所哉,一连几天看得抬不起头来"。

眼下这等闲书,俨然就是落难中的桃花源,可以让张爱玲心无旁骛地观瞻着这个奇怪的社会,她又怎么能轻易地放过呢?

随着战事不断升级,冯平山图书馆楼顶上也架起了高射机枪,每日里"突突突"地喷着火焰。毫不在乎成群结队的日军轰炸机扑过来,然后把一枚枚炸弹无情地扔下来。有次炸弹落在防空洞边上,巨大的爆炸声似乎要将整个世界翻转过来,吓得张爱玲直接把手中的书都扔掉了。她只觉着单薄的身体要被炸裂开来,也顾不得许多了,顺手就将旁边的头盔胡乱抓过来遮在脸上。等她从黑暗中慢慢睁开眼睛时,竟不敢相信

张爱玲传
绝世芳华

46

## 第二章 出名要趁早

自己还好端端地活着,欣喜之余,又拂去身上的尘土捡起书继续如痴如醉地读起来。有同学好奇地问她为什么要遮脸,她分外认真地说,死了也不能没有颜面啊。有同学要拉她到洞外呼吸新鲜空气,她也天真而又严肃地恳求,能不能先读完书再说,搞得那位同学哭笑不得。

《醒世姻缘传》读完后,张爱玲似乎清醒了一些,也更加清楚了人性的劣根性。生存的城市正遭受着战争的创伤,眼前的一个个人却都在想办法躲藏,至于现实的千疮百孔始终无人去想。不去想,自然没有人去理会。"能够不理会的,我们一概不理会。出生入死,沉浮在最富色彩的经验中,我们还是我们,一尘不染,维持着素日的生活典型。"

无情的轰炸,除了炸毁眼前的一切,也让人们感觉到自我的渺小和无助,谁也不知道这朝不保夕的背后,又该会是怎样的绝望。张爱玲自知无力改变,只能抓紧时间来读书,躲在人群拥挤的小角落里,她又埋头读起了《官场现形记》。好多同学都费解她的举动,战乱如此频繁,明日生死都不得而知,难道多读书就能抵过炸弹吗?倘若真要炸死了,这些书不就白读了?但张爱玲依然我行我素,冷眼旁观。

被持续围攻了十八天之后,香港城里的枪炮声总算是平息了下来。伴随着大轰炸的结束,所有的惊恐都在霎时间烟消云散。恍若一个世纪的漫长期待,等来的却是这座城市的沦陷。

1941年12月25日圣诞节这天,尖沙咀半岛酒店一改战时的萧条和沉寂,迎来了许多前来围观的人,港督杨慕琦无奈地签下投降书,这也预示着英属香港守军向日军宣布投降。从此,香港进入历史上最为黑暗的时期。许多人都成了无家可归的难民,日本兵不但任意枪杀奸淫,而且还疯狂掠夺物资。最可怕的是,日本人还强迫市民将手中的外币、黄金、珠宝、有价证券等全部兑换成军票,又通过废除军票来压榨港人。没有了货币、粮食,香港很快就出现了严重的饥荒,甚至有人饿死街头。更失尊严的是,当港人经过日军的岗哨时,必须要行九十度的鞠躬礼,否则当即就会遭到惨无人道的毒打。大家都顺从地适应着,虽然也有人会在私下发泄,更多的却是将能活下来当作自己获得新生的庆贺。

商场里又重新人山人海,娱乐场所也开始充斥着纸醉金迷,闪烁的霓虹灯下,兴奋与狂欢变本加厉,也让张爱玲愈发不习惯起来。经过死亡的胁迫后,人们似乎比以往还要沉迷于享乐。再回头去看那十八天的残酷,"谁都有那种清晨四点钟的难挨的感觉——寒噤的黎明,什么都是模糊、瑟缩、靠不住。回不了家,等回去了也许家已经不存在了。房子可以毁掉,钱转眼可以成废纸,人可以死,自己更是朝不保夕。"所有的悲欢离合,又被岁月这双大手逐渐抚平,恢复到之前的从容不迫中来。

香港沦陷后,张爱玲彻底无法心安理得地读书了,她和同学又被安排到大学堂临时医院做看护。张爱玲对这份工作没有丝毫热情。看护每天至少要值十个多小时夜班,好在事情并不多,张爱玲很快就适应了。

医院环境十分压抑,患者的心情也是烦躁不安。从这些患者的身份来看，大多是身处于社会底层的苦力，或是想发国难财的打劫者。每天都会有各种凄厉的喊叫声，每天都能见到各种无助的张望，这让张爱玲蓦然发现身处的现实竟是如此令人伤痛欲绝，孤独的她无法选择逃避，只能硬着头皮来应对，但坏心情却在无尽的失望里不断蔓延。

有次轮到张爱玲夜间值班，有位患者突然在夜半时分醒过来，抱着身体在病床上打滚叫喊，张爱玲一时也找不到医生，反复安慰后起不到任何作用，只能眼睁睁地看着他一点点被痛苦撕裂。无助和绝望之下，患者只能把手不断地伸向站在床前的张爱玲。可偏偏张爱玲从心底感到某种莫名的厌恶，干脆转过身走到一边读起书来，直到周围的病人都听不下去时，她才从指责中不舍地放下书走过来。

"护士，我想要喝水。"脊骨已全部腐烂的患者可怜地趴在病床上，不停地舔着干裂的嘴唇，有血丝从嘴边渗了出来。他几乎是用祈求的眼光在看着她，张爱玲却轻声地回应道："没有了。"便又要重新去坐下读书，寂静中只听到患者无助的叹息。或许是疼痛又加剧了，那位患者消停了一会儿又大声喊起来，只是声音明显比之前减弱多了。张爱玲这次也铁了心，不论其他人怎么说，她只是低头读书，仿佛心中没有一丝波澜。书恍若一堵厚实的墙壁，让她与身外的一切分隔开来，一面是书中岁月，一面是现实沉沦。这种由心而起的冰冷，像是完全丧失了对这个世界的热情。

张爱玲把她从这个世界学来的冷漠，现在又重新还给了这个世界。

不仅仅她是这模样，医院里的护员们几乎都已对生离死别习以为常。整个香港岛都处在沉寂与亢奋的临界点上，在人性的压抑和摧残下，谁又会在乎个体生命呢？

这种疏离的冷漠，也在无形中影响着张爱玲，就连曾经深爱她的丈夫对此也是深有感触："她从来不悲天悯人，不同情谁，慈悲布施她全无，她的世界是没有一个夸张，亦没有一个委屈的。她非常自私，临事心狠手辣，她的自私是一个人在佳节良辰上了大场面，自己的存在分外分明。"张爱玲看似缺乏同情心，实际上，她只是厌恶世间丑恶，也包括这多难多灾的社会。"生命应当是华美的，是尽情的享受，不该有这样的惨厉。"

那位要水喝的患者最终死了，直到死之前他都没有喝到一滴水，他脸上始终流露着人生不满足的缺憾。"这人死的那天，我们大家都欢欣鼓舞。是天快亮的时候，我们将他的后事交给了有经验的职业看护，自己缩到厨房里去。我的同伴用椰子油烘了一炉小面包，味道颇像中国酒酿饼。鸡在叫，又是一个冻白的早晨。我们这些自私的人若无其事地活下去了。"

"几千里路，两年，新的事，新的人。战时香港所见所闻，唯其因为它对于我有切身的、剧烈的影响，当时我是无从说起的。"浮华之下，是对生命的怜惜与关爱；时代荒乱，是对人生的无奈与哀伤。在张爱玲看来，不管如何，似乎只要有书读便是好的，至于其他则与

## 第二章 出名要趁早

己无关了。

一场战争，就这样不经意地改变了人的命运，也让人们丧失了对生活的热情。等日军完全攻占了香港后，他们又开始着手改变香港这座城市，要把其打造成为"大东亚的中心"。随着《人口流散计划》等系列法令的颁布，没想到香港大学也停止了招生，在这样的环境下，张爱玲只能随着遣返的人流踏上拥挤不堪的轮渡，无可奈何地回到别了近三年的上海。回首香港的种种经历，像是一场不可思议的梦，又如同白纸上泼洒的墨汁，在懵懂而又无序中逐渐定格了。

轮船在海水的翻滚中徐徐开动，望着渐然远去的香港，此时此刻，有种说不清楚的情愫牵系着她。回忆中，张爱玲想起这段生命历程时也意味深长地记载道："在香港读书的时候，我真的发奋用功了，连得了两个奖学金，毕业之后还有希望被送到英国去。我能够揣摩每一个教授的心理，所以每一样功课总是考第一。有一个先生说他教了十几年的书，没给过他给我的分数。然而战争来了，学校的文件记录统统烧掉，一点痕迹都没留下来，那一类的努力，即使有成就，也是注定要被打翻的吧？"

世事无常的惆怅中，张爱玲创伤未愈的心灵又感受到了无尽的失落。

## 路在何方

当汽笛声缓缓消失在码头,张爱玲知道她已经和香港分开了。萧瑟流光,往事如烟,张爱玲内心的苍凉又岂是沮丧可以形容的?

当十里洋场的繁华和风流再次出现在眼前时,黑白光影的时尚更像是一幅流淌着香艳画面的幕布。歌舞魅影中的千娇百媚,婀娜多姿中的镂金错彩,风姿绰约中的雍容雅致,所有的华美奢侈,能让张爱玲回忆起上海的熟悉与亲切,但无法忘记的却是战乱时期的颠沛流离。或许是经历了那十八天的凄凉孤独,那骨子里天生的绝代风华与万千才情,使她在高贵和优雅中始终闪烁着一抹无法言说的色彩。

1942年,张爱玲中断了港大的学业后,被迫回到了熟悉的上海,由于和父亲失和,她只能借住在姑姑家。张茂渊早年出国修学,回国后居住在静安寺附近的爱丁顿公寓。她贞静平和,娴雅大方,内外兼修,由于学贯中西、才情过人,眉宇间常会显出冰山美人的孤傲率性。

## 第二章 出名要趁早

正担心香港混乱的局势，没想到张爱玲突然出现在眼前，这让忧虑中的姑姑又惊又喜，顾不上嘘寒问暖，只是紧紧抓住她的手生怕她再次离去。姑姑自小疼爱张爱玲，尤其是哥嫂离婚后，她更是操心着张爱玲的生活、学习，在某种程度上更胜过张爱玲的母亲。张爱玲就读香港大学后，她又想尽办法找到好友，让在香港安利洋行工作的李开第作为其监护人。李开第尽心尽力照顾着张爱玲，好多时候只要见到了李开第，她就会想起可口的萝卜饼、甜面包、三角饼来，也会想起冰冷清高的姑姑来。"她对于我们张家的人没有多少好感——对我比较好些，但也是我自动沾附上来，拿我无可奈何的缘故。"

待姑姑收拾好房间，张爱玲一个人躺在松软的床铺上，望着窗外闪烁着的阳光时，情绪才慢慢缓和。"公寓是最理想的逃世地方"，她很快就喜欢上这间装饰精美的公寓，并对这里的温馨气氛感到十分满足，丝毫不掩饰自己的喜悦之情。淡雅的墙壁上映着清香的花束，雕花的家具也透着高贵端庄；华美而不落俗的灯具，静静地在墙角散发出奶黄色的光；舒适而有情调的沙发，与近处客厅的壁炉相映成趣。一个人的时候，可以懒散地躺在沙发上，听着留声机里的西洋舞曲，用心感受着这份浪漫。阳光好时，还可以穿一身睡衣站在阳台上，一览整座城市。"晚烟里，上海的边缘微微起伏，虽没有山也像是层峦叠嶂。我想到许多人的命运，连我在内的，有一种郁郁苍苍的身世之感。"

沧海横流，而家永远都是深藏在内心的港湾，数说不尽的温馨中，她也想到了时时在追寻着的幸福。感动有时候来得真是莫名其妙，尤其是经历过香港围城的紧张遭遇后，此时的张爱玲只想让自己躲起来，蜗牛一样遁世在小小的寓所之中。曾经遭遇的一切让张爱玲变得十分消极，不愿读书，也不去想事情，至多趴在窗前静观外界的变化。如果说命运早有安排，可这乱世中悲伤的人又何止她一个？

不到三年的时间里，张家发生了一系列意想不到的变故，先是母亲和新结识的美国男友去了新加坡，他们倾其所有收购了一批鳄鱼皮，从当时的设计方案来看，是想着加工成皮鞋、皮包、手袋等装饰品出售，却没料想战争来得如此之快，一切都变得飘忽不定起来。黄逸梵一直都想凭借着自己的能力生活，战乱不仅破灭了她的梦想，而且和张茂渊也无法取得联系，心怀幽怨之下便打算前往英国居住。

战火很快就蔓延到了新加坡。混乱的时局越发让人茫然，黄逸梵唯一可以依赖的男朋友又惨死在炮火中。都说"与外国人恋爱后，再也不想跟中国人恋爱"，一想到这些，她的泪水便不尽地往下流。为了活下去，她只有前往印度以求得生机。在这里她以出色的工作能力，最终成了尼赫鲁姐姐的英文秘书。这是她没有想到的荣幸，但没过多久，她那颗不安分的心又开始躁动起来，进而转战到马来亚的一所侨校教书。命运并没有多么垂青她，"她的一切努力似乎都没有得到好的结果，主要收入还是靠买卖从中国带来的几箱古董"。

战争如同一场意外的劫难，也让生活阔绰的张茂渊因为投资失败，失去了一份体面的工作。为此，她先后做过电台新闻记者、戏院的翻译，这样的生活不由得让人心生感慨，"我每天说半个钟头没意思的话，可以拿到几万的薪水，我一天到晚说有意思的话，却拿不到一个钱"。因战乱而起的种种变化，也波及一直身体虚弱、素来与世无争的张子静。他高中没有毕业，托人进了复旦大学，刚开学还不到两个月，学校就开始停课关门。书无法再读下去，只能百无聊赖地待在家里。父亲还算可以，在日本住友银行上海分行担任英文秘书，工作体面，收入不菲，可自"八一三事变"之后，为躲避汉奸嫌疑，竟辞职与几个朋友合开了一家钱庄。钱庄效益还不错，可习惯挥霍的张志沂，时常会变着法子从钱庄透支，一次次谎言之后，最终搞得大家不欢而散，各奔东西。

这个大家庭沦落得这么快。花园、假山、秋千、童话书全没了，大宅子也被廉价抵押出去，全家只能搬到小得可怜的洋房里。种种变故，让一贯冷峻孤傲的张爱玲更为冷漠。温暖长情的姑姑也有着自己的难处，手头拮据时也只能做到管吃住。张爱玲小住了一段日子后，突然提出报考圣约翰大学的要求，以期完成港大未竟的学业。时局不稳，这样的要求让姑姑一筹莫展。无法联系到母亲，两人商量后决定去找父亲。

张爱玲从家里逃出后，一直拒绝与父亲有任何联系。从这层关系上讲，两人之间已无任何情分，如同脱离了父女关系一样。

正在纠结时，闲在家的子静听说姐姐回来了，立即来姑姑家看望。两三年不见，姐姐出落得不同凡响。高挑性感，秀发披肩，有种清秀成熟之美。他不由得想到母亲海上归来时的装束，也是典雅大气，风采翩然。

两人开心地说东说西，那种久未谋面的亲近，连姑姑都心生羡慕。子静得知姐姐准备报考圣约翰大学，巧的是他也想报考这所大学。姐弟俩的不谋而合，让张爱玲心情好转起来。其间，姑姑谈到了缺学费的实际困难，子静想都没想就答应找父亲商量解决。听到弟弟愿助一臂之力，张爱玲内心温暖异常。她知道，弟弟这些年并不景气，但为了化解父亲与姐姐之间的矛盾，他愿意出头。子静太熟悉姐姐的个性，她是无论如何也不愿去求父亲，因此又说了些无关痛痒的事，就匆匆离去，他要把姐姐回上海的消息告诉父亲，希望能带给他难得的快乐。

子静对学费的事极为上心。他趁后母外出时私下去找父亲，说了姐姐回到上海后遇到的困难和今后打算，也表明了自己想支持姐姐上学的态度。毕竟是亲生骨肉，听完这席话，张志沂眼前又现出那一幕幕往事。

只记得那时黄逸梵不管不顾地去了国外，只留下姐弟俩同他相依为命。虽说有时会带他们去看戏、买点心，有时也会谈小说、聊电影，但那些仅存的温暖却似昙花一现，瞬间凋零。随着旧时光的逝去，曾经的美好转眼已变成了不愿回首的往事。不悔梦归处，只恨太匆匆。父亲也知道时局动荡，一个女孩子能执着于求学实属不易。虽说她至今也不愿意开口，毕竟幼小的心灵曾经有过伤痛，何必再去计较呢？想到这些，张志沂心软了，他对子静说："你叫她过来吧！"

伤痛真的会改变一个人，也会在时间的滔滔江水中将人心打磨得不再那么坚硬。张志沂的言语和表情看似坚决、严厉，可在心底却已冰释了所有不快。此时，能知道女儿尚且安好，应该是件快意的事。

为了上学，张爱玲在子静的安排下回到位于福履理的新家。祖上留下的大别墅没有了，眼前这高低错落的小洋房虽说精巧别致，却全然没有了以往的熟悉感。什么都不复存在，有的只是父亲身上衰败的气象。在走进这个陌生的家时，敏感讷言的张爱玲想到儿时父亲陪读的场景，就像发生在昨天。那时候天好蓝，云好白，两个人躺在树荫下的凉椅上，为书中各种奇妙的情节和人物激烈地争论。时间快得让人来不及应对所有变化，连往日的情愫也在时光迅疾中消失殆尽。执拗的张爱玲却不愿表现出对父亲的关爱，哪怕是一句能够打动他的话也没有，她甚至还要故意做出无比冷漠敌视的态度，不露出一丁点儿笑意。

见到女儿的那一刻，张志沂就开始后悔，当年若没有对女儿施以粗暴的拳打脚踢，今天也不会有这样尴尬的场面。虽然他很想借着眼前的机会冰释前嫌，可面对着那一张冷峻漠然的面容时，却不知该如何去拉近这近在咫尺却又远在天边的距离。最后，张志沂还是答应了女儿的全部请求，并嘱咐爱玲先行办理转学事宜，学费即刻让子静送去。

这样的见面或许有些唐突，纵然也是因着横亘于心的往事而不能释怀，张爱玲和父亲相处还不到十分钟就各自离去。之前离家出走之事，谁也没有提及，也许时机未到，也许再也不会提起。当张爱玲高挑苗条的身影渐渐走远了，身后只留下张志沂凝滞的目光。

在子静的记忆里，这是姐姐张爱玲最后一次走出家门。可以想象作为父亲的张志沂内心该有多么凄怆。

这一别，便永生没有相见。

大概是数十年后，穷困潦倒的张志沂再也没有任何挥霍的资本，身形瘦弱，憔悴不堪，独自病逝于阳台搭建的小窝棚中。从官宦世家沦落到如此不堪的地步，一种无法言说的悲哀涌上心头，这对天各一方的父女始终没有化解开矛盾，真不知道是谁负了谁，谁又伤了谁？

秋季开学时，张爱玲和张子静都如愿迈进了上海圣约翰大学。

大学生活轻松而又惬意，最开心的莫过于姐弟间又平添了许多接触的机会。有时，哪怕只是一个匆匆而过的眼神，彼此也能感知到对方的喜悦。对子静来说这种幸福无疑是难得的。而个性独特的张爱玲很快就改变了圣玛利亚女校时的拘谨穿戴，以另类的奇装异服成了大学校园一道亮丽的风景。奇特服装之下，包裹的是一个孤独的心灵，这样一颗心灵孕育出的绝美文字，像是不入世俗的精灵，除了斯里兰卡的同学炎樱等几个特别亲近的人之外，似乎很少有人能够读懂她的内心。

炎樱，又名貘梦，是个喜欢文字、性格开朗的女孩，她和张爱玲偶然结识在一艘从上海开往香港的船上，又成了港大同窗挚友。这一次，缘分又让她们阴差阳错地重逢在大学校园，成为知己后，炎樱也多次出现在张爱玲如花的妙笔下。

快乐还没持续多久，生活费又成了摆在眼前最为棘手的问题。生计

面前，张爱玲倔强地不愿求助任何人，谁也没有想到她选择了辍学。这个敢想敢做的女子，就这样径直走出了校门。校园里再也见不到这位独来独往的精灵，曾经飘荡在校园里的欢声笑语就像一场很快就清醒了的梦，一晃而过，空留下一个个传奇话题。

直到从炎樱那里听到姐姐辍学的消息后，子静也没有轻易相信，他径直找到姑姑家要问个究竟。姐姐正趴在桌子上写稿，对他的到来连头也没抬一下。历经了种种变故，从父母离散，被关禁闭，再至家道中落，人事的流转无常，早已让张爱玲敏感的内心变得多了些冷漠，对于子静一连串近乎发疯的发问，她只是淡淡地说："这所大学里就没有好教授，让人根本无法用心读书，更不要说学到有用的知识了。"

子静终于还是明白了姐姐最致命的困窘所在。"她是个六亲无靠的人，她只有她自己了，赤裸裸地站在天底下。"想到这些心里便酸涩起来，但嘴上依然劝说姐姐重新谋份工作，哪怕是做国文、英文的老师也行。姐弟之情真诚可鉴，却被张爱玲直截了当地予以回绝，她根本就不在乎旁人的感受："这种事情我做不来。"

姐姐的才华永远都是子静骄傲的资本，虽然遭到了拒绝，可天真的他还是觉着姐姐更适合当编辑。他这样说也并非信口开河，而是缘于姐姐九岁那年的第一封投稿信："记者先生，我今年九岁，因为英文不够，所以还没有进学堂。现在先在家里补英文，明年大约可以考四年级了。前天我看见编辑室的启事，我想起我在杭州的日记来，所以寄给你

## 第二章 出名要趁早

看看,不知你可嫌它太长了不?我常常喜欢画画子,可是不像你们报上那天登的孙中山的儿子那一流的画子,是娃娃古装的人。喜欢填颜色,你如果要我就寄给你看看。祝你快乐。"信写得很有意思,充满童趣,但这样的信投出后,多是石牛沉海,没料想到在家里引起不小的反响。此时子静说到编辑职业,张爱玲听后并不感兴趣,只是此时她感觉到了弟弟浓重的关爱之心,为不让他伤心就敷衍道:"我替报馆写稿好了。这阵子我写稿也赚了些稿费。"

也许比起编辑,张爱玲更喜欢创作。这些年,她一直坚持创作,大学期间虽对文学有些疏远,但还是悄悄地用英文给《泰晤士报》撰写了一系列的影评文章,只是这些并不为子静知道罢了。

事实上,父亲时常也会通过各种报刊来关注女儿的创作,以让自己这颗落魄的心充满欣慰,可以说,是女儿让他活在希望中。在某种程度上,是他最早发现女儿的创作天赋并加以培养,他爱张爱玲可能还要胜过爱子静。虽然后来读到的多是丑化他的系列文字,如躺在床上抽鸦片的丑陋,粗暴武力痛斥孩子的不堪,还有清王朝倾覆后名门世家的种种心酸经历,但他都宽慰地理解了。遗憾的是张爱玲并不知晓这些,她只是在孤傲中书写着人间的沧桑,用冷眼观瞻着没落世家的凄凉衰落。

光阴逆旅,浮生若梦,张爱玲始终与外界若即若离。她这道风景惊艳夺目,却始终芳香四溢,让人心醉。

只有时光,已经在催促着真正芳华的来临。

## 风华初绽

说到沦陷,整个上海似乎都处在无限悲痛中。而在文学界,更有着一种为环境逼迫的恐怖和荒芜。

纵然如此,不善言辞的张爱玲却以超凡脱俗的文字、精准敏锐的感受力,在巴金、老舍等名家逐渐隐退的间隙,如狂风暴雨中杀出的一匹黑马,以突飞猛进之势开始了成名之路。本只为赚些生活费用,却在文坛激起了很大反响。她将更多精力投入海量的阅读与研究中,然后不停地进行创作、投稿。这是她最开心的事情,除了《泰晤士报》外,她还给当时上海极有影响的《二十世纪》英文月刊投稿。

《二十世纪》的主编克劳斯·梅奈特从业阅历十分丰富,先后做过记者、大学教授,之所以创办这本期刊,除了向世界推介中国,更多是出于对文字的挚爱。当他收到张爱玲洋洋洒洒近万字的《中国人的生活与时装》一文时,很快就被其独到、有趣的观点所触动,出于对张爱玲才华的珍惜，他不吝版面，特地为这位名不见经传的年轻人安排了八个页面，不但全文刊登，还热心撰文赞誉其是"极有前途的青年天才"。

后来，这篇长文改名为《更衣记》，文中详尽记述了中国千百年来服饰的变革延续历程。她不但写出了各式服饰所蕴含的风俗人情，从另一个层面也使外国人对中国服饰文化有了进一步了解，单纯从学术角度而言，这篇文字也有着存在的价值。主编的意外垂青，使张爱玲的创作信心倍增，从评《梅娘曲》《桃李劫》《万世流芳》到《秋之歌》《浮云遮月》《母亲》等，她一发不可收拾，这些文章，只要刊载就会受到读者的强烈关注。柯灵先生事后说："我扳着指头算来算去，偌大的文坛，哪个阶段都安放不下一个张爱玲，上海沦陷，才给了她机会。日本侵略者和汪精卫政权把新文学与传统一刀切断了，只要不反对他们，有点文学艺术粉饰太平，求之不得，给他们什么，当然是毫不计较的。天高皇帝远，这就给张爱玲提供了大显身手的舞台……"

创作为张爱玲赚取了丰厚的稿酬，也为杂志带来了更多的读者。持续的创作生活像一场幽深的梦境，将她多年来藏在心底的秘密毫无保留地呈现出来。实际上，她在很早之前便自诩："我是一个古怪的女孩，从小就被称为天才，除了发展我的天才外别无生存的目标。"

随着投稿次数的增多，张爱玲与梅奈特主编很快熟悉起来。梅奈特除了让张爱玲写影评之外，还不断向她约一些大篇幅、有深度的稿件，如刊于1943年6月号的《洋人看京戏及其他》、12月号的《中国人的宗教》等文章，从当时的社会现状及风俗人情等角度进行了思考及论述，其老到的文笔表现出敏锐的艺术感染力，那种"拥有如沙，心不知处"的领悟让人眼前一亮。"她不同于她的中国同胞，她从不对中国的事情安之若素；她对她的同胞怀有的深邃好奇心，使她有能力向外国人阐释中国人。"张爱玲全身心地神游于文字的世界当中，不断地向外推介着中国文化、展示普通人的日常生活形态，其轻松而富有情调的文字得到了梅奈特主编的极力称赞。而此时的张爱玲不过才二十出头，可她将对人生的深刻体悟诉诸笔端，悲欢离合中也带着无尽嘲讽。辛辣的笔道、冷酷的叙述似乎不是这个年龄该有的，更为称奇的是，张爱玲可以将生活中本不起眼的琐碎细节，不动声色地化成文章的素材。

　　细细品味，才会发现其文字有着太多对于外部世界的体验，这些很大程度上源于童年生活的不幸、父女关系的僵持以及家道中兴后的逐渐没落。她只能在人世浮沉中感受，将回忆化为文字。张爱玲很早就明白出名要趁早的道理，写作并以此为生，似乎已是她的命定之途。

　　那年春天似乎来得很早，虽然风中还带着料峭凉意，但张爱玲并没有过多关注这些变化，只是潜心伏案创作。十里洋场的风花雪月、情场旧事和那些沉浸在历史角落中的故事全都有了生命，在张爱玲笔下的文学世界里焕发了生机。这一个个文字精美、感情细腻的故事，悄无声息地融入读者心中，也让她在文坛一鸣惊人。过去的一年，张爱玲感觉虽然失去许多，但同时收获的却是丰厚的稿费、满满的自信，还有许多意

## 第二章 出名要趁早

想不到的赞誉。她将流逝的岁月串成人生的风景,以"自己良心上的非常痛快"来反思诸类人物的内心。

其实在少年时期,张爱玲便在父亲的教育下接触中外电影和戏剧。旧式文人张志沂虽然颓废,可传统文化功底扎实,这样的教育也无形中为她打开了一扇窗户。然而世事难料,家庭变故,颠沛流离,让故步自封的父亲自顾不暇,也让父女之间这短暂的美好烟消云散。或许正是这般疏离、孤独的童年经历,让张爱玲在后来以笔为枪的创作中,将父母生活的种种囧状无比真实地展现给了读者。这样残酷冰冷的态度似乎无法想象,但不得不说,正是这种孤绝缔造了张爱玲独特的文学世界。

如果将张爱玲比作一朵冷艳无比的花,那么她也只是盛放在不为人知的背风处,在文字的滚滚红尘中,她让人品尝到的是俗世间的真实烟火,而人们却始终无法窥清她的内心世界。

纵使这样,除了早年父亲的教授,师者伯乐的欣赏,还有最疼爱她的姑姑的帮助。为解决她的投稿问题,姑姑张茂渊把她介绍给了远房亲戚黄岳渊。

奉化奇人黄岳渊在上海是有名的园林艺术家,他一生都沉浸在侍弄奇花异草的幸福中。"不识黄园菊,枉为上海人。"要说黄家园子是上海滩最精致的,那是一点都不夸张,很多社会名流以能到黄家园子赏花为幸事。即使在今天的奉化,这"中国艺术之乡""中国水蜜桃之乡"的美誉,其功劳也在于黄岳渊。战争时节,能有一片这样的世外桃源,于花开花谢中陶冶心灵，人来人往中静享人生，也算是桃源中人了。

张爱玲偶尔会去黄家园子闲逛，多半是借赏花来看望老人，而黄老也常常对张爱玲从容自如的文笔大加赞赏。

能在乱世中宠辱不惊，就可知这黄岳渊绝非等闲之辈。黄老的座上客中有个叫周瘦鹃的人，是以写缠绵爱情作品出名的爱国作家，他在20世纪二三十年代时就已经享誉中国文坛。有一天他路过黄家园子，去找黄岳渊吃茶赏花，谈兴正浓时说起了最近在忙《紫罗兰》杂志复刊的事。

这个鸳鸯派的当红作家自幼丧父，是母亲含辛茹苦地将他养大。周瘦鹃从中学时代就开始真正意义上的文学创作，笔下虽多伤感缠绵，但胸中却不乏磅礴大志。当日军铁蹄肆意践踏中国大地时，他内心充满了仇恨，不断用文字宣泄对外寇入侵的不满。分别之际，周瘦鹃又心事重重地说到杂志复刊的事，其意不言自明，就是希望黄老帮忙推荐。黄岳渊这才明白缘由，听后粲然一笑，便将张爱玲这株"新花"介绍给他。

说到这本1925年创刊的《紫罗兰》杂志，本来就有着一段感人至深的故事。周瘦鹃有次去女子中学看演出，与女学生周吟萍一见钟情，俩人书信往来后私订终身，遗憾的是门不当户不对，只能眼睁睁地看着心上人嫁为人妇。

成婚后，周吟萍心里仍惦记着那个憨厚朴实但家境一般的周瘦鹃，两人也一直保持通信。周吟萍的英文名叫Violet，翻译过来就是"紫罗

## 第二章 出名要趁早

兰"的意思,周瘦鹃用案头养的紫罗兰来回忆那段暖春盛夏的快乐,用一本本的《紫罗兰集》《紫罗兰文外集》《紫罗兰庵小品》来表达内心的矢志不移。真性情的周瘦鹃干脆连自己主编的杂志也叫《紫罗兰》。杂志以"游戏""娱乐""消费"等都市时尚通俗文学来定位,将内心的伤感都融到了浓烈的文字当中。他在之后写给自己女儿的信中更是坦言:"你总该知道,我从十八岁起,就爱上了紫罗兰,经过漫长的五十二年,直到今年七十岁,仍然死心塌地爱着它。正如诗人秦伯未先生赠我的诗中所谓'一生低首紫罗兰'……我为什么这样念念不忘紫罗兰呢?你当然知道象征着我所刻骨倾心的一个人的。花与人,人与花,早已混为一体,而跟我结成毕生以之的不解缘了。"

周瘦鹃用情之深可见一斑,正如他那本在读者中一直很受欢迎的杂志。只是不知何种原因,却于1930年6月突然停刊。

不经意间时光匆匆逝去了十年,周瘦鹃这只孤独漂泊的船,又在惆怅中想起了那段真爱。如果爱不曾来过,如果心不曾疼过,他不会想到重操旧业,来着手张罗《紫罗兰》杂志的重新复刊了。

在周瘦鹃眼中,张爱玲相貌平平,再细看却感觉眼神中满含忧郁,仿佛拥有一颗苍老的灵魂。此时张爱玲虽已凭《中国人的生活与时装》等文字初入上海文坛,但她明白,若要真正立足,必须创作叫得响的小说。

当时的上海文坛,正处于新旧文学交替时期,即新文学派与鸳鸯蝴蝶派。张爱玲起初曾模仿过新文学派的笔调风格,之后又选择了传统文学创作。她认为,上海这座城之所以特殊,是因为她有着独特的精神气质和性情风貌。如果不理解这种个性,也就把握不了她的精髓。以她的眼光来看当下的文坛发展,传统文学力道精准,雅致古典,最能传达这座城市的韵味。她自小生活在这里,早已习惯了上海人的种种聪明与老练,她的文字中也时常表现小市民的普通与不凡,淋漓尽致反映出社会变迁,人世浮沉,只是她始终冷眼旁观。

有了黄岳渊先生的推荐,张爱玲带着她的新作《沉香屑:第一炉香》《沉香屑:第二炉香》去往上海愚园路608弄,扣响了"紫罗兰庵"的大门,前去拜访周瘦鹃先生,时值1943年初春。

23岁的张爱玲见到周老那一刻,所有的紧张都消失了。在袅袅盘旋的烟雾中,两人相谈甚欢,周瘦鹃面容和善,谦和有礼,有对才情的欣赏,亦有对作品独到的分析,一股温暖从张爱玲心底遽然升起。当他得知张爱玲的经历后,更是对眼前这位女子赏识有加。张爱玲对眼前仰慕的周瘦鹃却有一种旧相识之感,最早应该是在父亲的书房里,她记得如此清晰,那时她每日享受着和煦的阳光,心中忐忑不安地读着一本本《恨不相逢未嫁时》《此恨绵绵无绝期》等爱情小说,内心时有感触。孤寂的时光中,周瘦鹃的作品陪伴着她度过了并不完美的童年,给了她无数慰藉。后来她还发现,妈妈和姑姑竟也是他的热心读者。有一次,她无意中见到母亲手捧《此恨绵绵无绝期》在悄然落泪,这一举动给张

## 第二章 出名要趁早

爱玲带来触动，似乎借此她也窥视到了母亲柔软的内心。她像母亲一样，也曾为书中人物的命运或喜或忧，甚至曾为小说中人物命运的不公抱怨过，最后还书写过一封长信，希望作者能改掉哀婉的结局，那时的她不会想到有一天会和作者本人在这里长谈。周瘦鹃被张爱玲的风趣说笑所感动，虽然他始终没有想起那些陈年往事来，却在无形中接纳了这个会说话的孩子。

有着"文坛哀情巨子"之称的周瘦鹃接过了青年作家张爱玲的作品来看。借着周老翻阅作品的当口，张爱玲才有时间环顾四处，只见古色古香的大书架如一面墙壁，散发着幽幽的光泽。各类书籍整齐有序地陈列其上，古朴、典雅中彰显着主人的学识和教养。不远处还有一张狭长的檀香木供桌置于空旷处，上面摆放一个中规中矩的宣德炉，在光照下泛着青铜的色泽，一柱紫罗兰香正在燃烧，长长的香灰渐渐弯曲下来，形成一种非常好看的曲线。她偷偷吸了一口醇厚的香气，只觉着这味道清淡如素，淡雅之极，不由觉得兴趣盎然。透过轻盈缥缈的袅袅香雾，看到周老正戴着花镜十分投入地阅读着，不凡的气度中，闪烁出属于他特有的儒雅。

不知过了多久，周老才缓然起身走了两步，又转过身来摘下眼镜放在桌上，慢悠悠地揉了揉太阳穴后才开始说话。他希望张爱玲能够将书稿留下，待读完后再行交换稿件的修改意见。其实，之前略读过的那些文字，周瘦鹃已印象深刻，他觉得眼前这位女子落笔不俗，字里行间的遣词造句、不急不缓的文笔风格、精彩动人的故事架构,令人惊艳,也更为佩服黄岳渊的独到眼光来。这位甘愿坚守传统文学的女子,内心世界竟是如此的丰富多彩,不得不令他刮目相看。

一周之后,张爱玲再次来到了周瘦鹃家。周老这次表现得十分热情,不但亲自下楼迎接,而且还留她吃茶聊天。偌大的书房里,他们交谈甚欢,互相对眼前的书稿发表见解。眼前这位旧时代的文人,在当时的文学圈中属于为数不多的研究中西方文学的学者。他欣喜地从《沉香屑》的写作笔法中读出毛姆的影子,也能感受到《红楼梦》影响的痕迹。如此畅快的交谈,令人印象深刻。直到天色黯然时,周老才把张爱玲送下楼来,两人又沿着花园小径说笑着,在花香弥漫中分手告别。

临走前,周瘦鹃很客气地问张爱玲:"是否愿意将作品全部发在《紫罗兰》杂志上?"生性木讷的张爱玲心怀喜悦满口答应,并热情地邀约周老方便时来家里喝茶。

这样的邀约,也是她表达自己内心欣喜的一种方法吧!

·

## 成名传奇

地处今天上海常德路、南京西路、愚园东路交汇处的爱丁顿公寓，是一座意大利风格的建筑。这幢不起眼的楼，外观虽平常无奇，内部却有着不为外人所知的惊艳。随着张爱玲一系列小说的陆续完成和发表，爱丁顿公寓也算真正意义上助力了她的写作梦想。

就是在这座周围布满绿色植物的公寓里，张爱玲精心接待了周瘦鹃。"我如约带了样本独自去那公寓。乘了电梯直上六层楼，由张女士招待到一间洁而精的小客厅，见到了她的姑母。这一个茶会中，并无别客，只有她们姑侄俩和我一个，茶是牛酪红茶，点是甜咸具备的西点，十分精美，连茶杯和点碟也都是十分精美。"

彼此落座后，周瘦鹃递上了新近复刊的《紫罗兰》杂志，油墨的馨香，令人心旷神怡，更让人忍不住想迫切地打开读下去。张爱玲欣喜地捧着杂志翻阅，时而凝神，时而浅笑，独享着这份喜悦。

## 第二章 出名要趁早

为准备这次会面,张爱玲特意用西式的茶点款待周瘦鹃,还特意换上了合体的淡雅旗袍,举手投足间都那么恰到好处,落落大方。淡黄色边框的眼镜下,透着淡淡的神情,有典雅的温柔,有梦幻的美丽,有贤淑的雅致,有迷蒙的风韵。

茶会气氛十分融洽,三个人从文学谈到生活,从生活又谈到社会,一下午时间过得非常快,却让人回味无穷。以至于很多年过去了,周瘦鹃还能清晰地记得那次有趣的茶会,张爱玲始终保持着特有的礼节,她面色有些苍白,笑容却是如此纯净、通透。这次接触,周瘦鹃更细微地了解了张爱玲,更为她既世俗又出尘的想象感到惊诧。这些特别的记忆,后来都成了他笔下流光溢彩的文字。随着张爱玲一篇篇作品的陆续发表,她那心中沉睡的激情也似乎被唤醒了、被点燃了。张爱玲很快就在上海滩声名鹊起,她不吝笔墨,描绘着大上海的繁华世故。

在张爱玲的意象世界中,她用文字缔造了一个风花雪月的罗曼蒂克传奇,在这个红男绿女、纸醉金迷的世相大舞台上,贵夫人的偷情、丝帕少妇的媚态、汽车上的临时约会、自甘堕落的舞女、钩心斗角的情侣,都在一个个爱情故事里表现得淋漓尽致。一时间,张爱玲如一缕清流让处于混乱、空虚中的上海文学界变得躁动起来。纵观当时精致与破落、繁华与阴暗交织的上海,大致有那么几类文学面貌,一是太正气的抗日文学;一是漠不关心政局的闲适小品。虽说"海派文学""左翼文学"都表现出了不同群体对于上海都市生活的认知,但张爱玲眼光独到的《沉香屑》系列作品一经上市，立即受到读者的热烈欢迎，并且在上海滩疯狂地火了大半年时间。周瘦鹃也高度评价了张爱玲的小说："请读者共同来欣赏张女士一种特殊情调的作品，而对于当年香港所谓高等华人的那种骄奢淫逸的生活，也可得到一个深刻的印象。"

张爱玲写出了一个与前人不一样的上海滩，写出了与众不同的相思与寂寞。她刮起的这股旋风，使《万象》杂志主编柯灵眼前一亮，在读了些作品后，也不由得想要结识这位文坛新秀。因为她的文字中有爱、有期待，也有脆弱、清醒。她的作品不仅用一种苍凉的基调来表现人世悲欢，更在一种冷静的叙述下把自己的经历巧妙地变成了别人的故事。

柯灵费尽周折，才知道联系张爱玲的唯一办法，只能找周瘦鹃。但因为和周瘦鹃是同行，柯灵也只得按捺着自己内心的想法。

而人生就这么神奇，当柯灵要放弃时，张爱玲却意外地出现在了他面前。张爱玲的突然登门拜访，反让喜出望外的柯灵一时间乱了分寸。

张爱玲一身恬淡的旗袍出现在编辑部，宛若翩翩起舞的仙子从时光深处走来，含蓄优雅。旗袍下的这颗灵魂，内敛中含着婉约，像湖边摇曳的弱柳，在顾盼自怜中再现内心的梦幻。张爱玲轻轻打开一层层包裹着的纸，动作轻柔，让人忍不住猜想这样的女子究竟会创造出如何不凡的故事。柯灵接过《心经》手稿，只读了开篇，欢喜之情便已溢于言表。

他迫不及待地向张爱玲发出了约稿请求。

张爱玲爽快地应允下来。此后，《心经》《琉璃瓦》《连环套》等作

## 第二章 出名要趁早

品在柯灵的精心策划下开始在《万象》杂志上陆续推出,又一次惊艳上海滩。张爱玲一发不可收拾,在文学界的影响力也逐渐家喻户晓。她出人意料地保持着自己的创作速度与节奏,让整个上海文学圈刮目相看。

接踵而至的光环与赞誉,让张爱玲强烈的世俗进取心得到了极大满足。上海的杂志社开始以刊发张爱玲的作品为时尚,大有洛阳纸贵之势。以至后来,就连著名的美籍华裔学者夏志清教授也格外高调地谈论《金锁记》等作品。生于上海浦东的夏志清先生,在他那部研究批评中国现代文学的拓荒巨著《中国现代小说史》中,不仅纠正了对中国现代文学长期以来存在的各种偏见,而且全面系统地阐释了新文化运动以来的传统。最重要的是夏教授还独具眼光地发掘出了钱钟书、沈从文、张爱玲等人的不俗成就。尤其是对张爱玲,更是给予了非常高的赞誉,直言不讳地称其为"中国最重要的作家之一"。"张爱玲该是今日中国最优秀最重要的作家。仅以短篇小说而论,堪与英美现代女文豪蔓殊菲尔、安泡特、韦尔蒂、麦克勒斯之流相比,某些地方她恐怕还要高明一筹。"他更是称《金锁记》是中国从古以来最伟大的中篇小说。柯灵在回忆起当时异常热闹的出版现象时也说:"张爱玲在写作上很快登上灿烂的高峰,同时转眼间红遍上海。"这位总编的话质朴实在,虽然《万象》杂志一度在上海的发行量占据市场份额最大,但没料想到张爱玲发力竟会如此之猛、声势之大,以至于让所有人都不得不关注她。

"你的荣光里充满着夸张的崇拜,你的陨落里只有自己的悲哀。"

这大概就是一夜成名的感觉吧。

其实,哪里有什么一夜成名,更多的是百炼成钢的结果。她只在自我的世界里不断创作,继续为自己的梦想加持。在这种情形下,张爱玲的《倾城之恋》《花凋》《红玫瑰与白玫瑰》《留情》等一篇篇高水平作品相继问世,发表于《杂志》月刊,且都在当时创造了发行奇迹。这种奇特的文学现象像投入上海滩的石子,很快激起了圈圈涟漪。1944年5月,蛰居上海的著名评论家傅雷针对异军突起的张爱玲现象,发表了《论张爱玲的小说》,其中指出:"在一个低气压时代,水土特别不相宜的地方,谁也不存在什么幻象,期待文艺园地有奇花异卉探出头来。然而天下比较重要一些的故事,往往在你冷不防的时候出现……张爱玲女士的作品给予作者的第一个印象,便有这种情形,这太突兀了,太像奇迹了……"

这种突兀,无疑是对于作者写作技巧的最大首肯。"我们的作家一向对技巧抱着鄙夷的态度,'五四'以后,消耗了无数笔墨的是关于主义的论战,仿佛一有准确的意识就能立地成佛似的,区区艺术更不成问题……而张爱玲正是填补了小说创作的空白。"傅雷也提出了人物的典型性方面的问题,他批评其《倾城之恋》创作笔下的人物是"疲乏、厚倦、苟且、浑身小智小慧的人,担当不了悲剧的角色"。这样的说法貌似合理,张爱玲也甚为不悦,但她对这样一些甚嚣尘上的评论依然我行我素。虽解释不清这番文学奇迹,只知道她很快就结束了与《紫罗兰》

## 第二章 出名要趁早

《万象》杂志的合作。

关于种种合作关系的仓促结束,似乎给人一种不近人情之感。对于《紫罗兰》杂志,张爱玲看重的是其不俗的发行量;而《万象》杂志则是因稿费及刊载形式等,但张爱玲仍不由分说地转过身去,又全身心投入到自己的创作中去。杂志社没有亏待这位文学新秀,尽其所能地给她带来无限风光、名声和人际交往:邀请众多名家到场,为其举办高规格的作品研讨会;在欢迎朝鲜女舞蹈家崔承喜的仪式上,隆重地推出她和她的作品;邀约参加"满洲国"电影明星李香兰的纳凉晚会,还被捧为主宾。很多不明就里的活动,让张爱玲如同明星般应接不暇。

夜深人静,张爱玲也不断构想着自己创造出来的辉煌的文学世界,"以前我一直这样想着:等我书出版了,我要走到每一个报摊上去看看,我要我最喜欢的蓝绿的封面给报摊子上开一扇夜蓝的小窗户,人们可以在窗口看月亮、看热闹。我要问报贩,装出不相干的样子:'销路还好吧?'——'太贵了,这么贵,真还有人买吗?'"创作中的快乐来得那么快,让张爱玲始终笃信着出名要趁早!她只怕来得太晚,快乐也就会不那么痛快,就如当初,她在校刊上刊登文章,是发了疯般地高兴,常常在无人处一遍又一遍地默读,每次感觉都像是头一回。

一片淡然纯净的蓝绿色,是张爱玲从小就憧憬、最喜欢的颜色,写满了太多传奇与体验。1944年8月,当张爱玲的第一本小说集《传奇》由上海杂志社出版发行时,她便毫不犹豫地将其选做了封面主色。这本书收录了她近两年创作水平最高的十部中、短篇小说,娓娓动人的笔触无情揭示了畸形社会中上阶层和抗战时期香港人的生活状态,仿佛在讲述那遥远而又动人的传奇故事。读者疯狂购买《传奇》,书才出版五天就已告售罄,这情形着实令人惊叹。柯灵对张爱玲的发展有着自己的判断,他曾私下好心劝说张爱玲要学会面对赞誉,在时局混乱不清的当下,尽量减少与杂志的相互来往。"因为环境特殊,清浊难分,很犯不着在万牲园里跳交际舞……那时卖力地为她鼓掌拉场子的,就很有些背景不干净的报社杂志。"骨子里始终孤傲的张爱玲从来不懂政治,也不想与政治有任何瓜葛,杂志可以让她在最短的时间内成名,而成名就意味着拥有年轻的完美与快乐。所以,面对想象中的完美世界,她没时间去考虑别的。

在上海滩,上到权贵下至平民,仿佛谁都熟识当红作家张爱玲。她的小说好多时候被当作饭后谈资,书中醒目的语句段落常常被人挂在嘴边,尤其那些中产阶级出身的大学生们,更是对张爱玲迷恋到了极致,不但收集她的作品、照片,还琢磨她的写作风格、日常生活,也惟妙惟肖地模仿她,似乎所有人都为张爱玲的文字肆意疯狂着。

因为这些文字,还闹出了各种笑话。有天晚上张爱玲回家,行到途中突然发现有位外国人在尾随自己,想尽办法又不能摆脱,心中便分外害怕起来,只好加快步伐朝着家中赶去,后边那人也跟着加速前进。正当无力摆脱之际,恰好遇见了一队巡逻警察远远地走了过来,于是赶

## 第二章 出名要趁早

紧上前说明情况,待真相大白后才知道是虚惊一场,原来是一位讨要签名的"粉丝"。也不知道类似这样的搅扰对于素来喜欢安静的张爱玲来说会不会烦,反正与她形影相随已久的闺蜜炎樱则是感触最多。"从前有许多疯狂的事现在都不便做了,譬如我们喜欢某一个店里栗子粉蛋糕,一个店的奶油松饼,另一家的咖啡,就不能买了糕和饼带到咖啡店去吃,因为要被认出,我们也不愿人家想着我们是太古怪或是这么小气地逃避捐税,所以最多只能吃着蛋糕,幻想着饼和咖啡;然后吃着饼,回忆到蛋糕,做着咖啡的梦;最后一面啜着咖啡,一面冥想着蛋糕与饼。"如此来看,名人自是不好做的,张爱玲成名后也有着数之不尽的烦恼。

烦恼面前,已习惯寂寞的张爱玲渴望更多的是鲜花和光环的笼罩,这也与她晚年的生活状态形成了鲜明对比。现在想想,生活竟然是这般耐人寻味,张爱玲晚年独居海外的一幕幕情景,难道是对于年少轻狂姿态的回味与自省吗?且不论如何去理解这截然不同的人生,至少在此刻的绚丽中,"也许就因为要成全她,一个大都市倾覆了"。

梦想的实现让张爱玲肆意地绽放自我,也表现在她对别具一格的奇装异服的偏爱上。她要么穿大清朝遗留下的"古董",要么是中西结合下的另类服饰,没有什么循规蹈矩的束缚。曾有报刊登载过一幅《铅笔与口红》的漫画,张爱玲一身不伦不类的古装短袄,旁边还有一行手书:奇装炫人的张爱玲。细看过去,那情形像村姑也像老妇,始终给人一种漫不经心之感。即便这样遭人指指点点，她的服装也好像永远都是某种潮流的代言与风向标。这种随心所欲的着装风格，曾多次引起姑姑的不满，但成名而至的种种自信，竟然让她在衣着打扮方面比其文笔还要自如自在。

无疑，这是一个属于她的风华时代。张爱玲从小就钟情于用服饰来表现自我，而且更多时候完全是以衣物的炫丽来填充着生活的梦想。中学时代，她的梦想就是"要穿着最别致的衣服周游世界"，可那个年龄的痛苦记忆，"在继母治下生活着，捡她穿剩的衣服穿"的羞耻时时像锐利无比的刺，让她自惭形秽。曾经无法实现的梦想，最终都得以通过文学上的功成名就复原了，而此时的旧服饰，自然就成了她用来洗刷内心卑微的符号，并让她努力在陶醉中忘记那个时代。

也只有理解了张爱玲的这段往事，才会明白她一夜爆红后的敢做敢穿。虽然不断有笑语和评价，甚至有时身后还会追满了看热闹的孩子，可是于她早已云淡风轻，直言"我既不是美女，又没什么特点，不用这些来招摇，怎么引得起别人的注意？"她已学会了在胆量与名气中秉性而为。既然文字都可以震惊一座城市，那衣着的风头又算什么呢？

此前的上海文学圈中，还真没有因为作家的衣着奇特而成为一道风景的，而张爱玲以惊世骇俗的特立独行，时时创造着新景象。在和朋友谈论着装时，她永远是一种随意的漫不经心。

"你找不找得到你祖母的衣裳？"

"干吗？"

"你可以穿她的衣裳呀！"

"我穿她的衣裳，不是像穿寿衣一样吗？"

"那有什么关系，别致。"就是这么一个奇炫至极的人，用文字的孤高和别致的着装，震惊众人。

这样的奇闻逸事还有很多。如果说文笔的细腻能表现出她的内心世界，那衣着的华丽则是用另一种方式来凸显着她的外在。若要说有不同，只是这两种表现形式的区别罢了。总之，在1943年到1944年这段时间里，张爱玲全然在享受着"张爱玲年"里的所有不期而至的荣誉。

确实如是，整个上海滩都在有滋有味地品读着张爱玲，在乐此不疲中传递着张爱玲，在怀揣好奇地想象着张爱玲。

张爱玲就像是一部腾空出世的神话，在神话中书写着人生里最为出彩的传奇。

我要你知道，在这个世界上总有一个人是等着你的，不管在什么时候，不管在什么地方，反正你知道，总有这么个人。

# 第二章 恋爱的味道

烟火尘埃

一丝执念

心之所安

书生意气

## 书生意气

每个人的岁月里都藏着一个美好的梦。无论是漫步于飘逸的秋风下,还是摇曳于芬芳的百花前,都会让人不断去追寻。

都说张爱玲是文学史上无处安放的作家。确实,对于深受《红楼梦》影响、对人性有着深切洞察力的张爱玲而言,她将自己全情投入于文学创作的惬意和快感中,甚至不会在意岁月的无情流逝,亦不会为此怅然伤怀,正如她说:"我是一个古怪的女孩,从小被目为天才,除了发展我的天才外别无生存的目标。"她用活灵活现的笔触描画着这个繁复的社会,在丰富的人间百态中镌刻着绮丽悲凉的生命底色。

张爱玲曾说过,在这个世界上,总有一个人在等着你。两个人的相遇,不早不晚,如电光火石,不由分说,说不清是命运还是劫数。在她沉浸于纯粹的文学世界之时,一个男人就这样悄无声息地在不远处默默关注着她,以至最后必然的相遇点亮了她的生命。这个人就是胡兰成。

# 第三章 恋爱的味道

只不过此时，他们尚不相识。

胡兰成于1906年生于浙江，儿时家境清贫，从燕京大学退学后当了五年教员，但是他并不甘于平淡，始终有一颗参与政治的野心。

1936年，发生了"两广事变"，当时胡兰成受聘于第七军廖磊军长，兼办《柳州日报》，这份报纸鼓吹两广与中央分裂，受到了军阀审判，而胡兰成也因此被监禁了33天。

"七七"事变之后，气焰嚣张的日军又迅速推进战争进程，华北、东北、华中等大片国土相继被占领后，武汉、广州、上海等大城市也很快失守。这时，日本侵略者扶持成立了"伪满洲国"等傀儡伪政权。

大漠荒草生息不绝，反教春花盛放凋零。这时，高居国民政府副总裁的汪精卫闻讯后有些蠢蠢欲动，为满足急剧膨胀的权力欲望，他派人四处打听并私下接洽，打算通过这条便捷途径摆脱蒋介石的压制，重新建立一个新的政权，意欲成为日本统治下的傀儡。

1940年3月，在日本人的支持下，汪精卫在南京成立了伪中华民国政府，公然与重庆国民政府分庭抗礼。凭借着强大的政治影响力，他开始四处笼络人才。长期混迹官场的胡兰成因为写得一笔好文章，这个关键时刻也受到了汪精卫的恩惠，被委任政府宣传部政务次长、执行委员，同时还兼任《中华日报》总主笔。原本小教员出身的胡兰成，本是中国传统社会中的一介书生，本该以舞文弄墨来兼济天下，现在却全然放弃了文化人的德能，全副身心依附于"新朝"。

说起胡兰成与《中华日报》的关系，自然要感谢在报社工作的好友古泳今，如果没有他的大力举荐，胡兰成可能还不会这般"风生水起"。古泳今是胡兰成曾经在广西一中的同事，彼此间很是熟悉，古对胡的生花妙笔实是钦佩，遂向其约稿，虽分隔数年胡兰成依然仗义，当下拔笔就完成了两三篇稿件。当时，这些涉及经济、农业的文章刊出后，很快就被日本发行的《大陆新报》全文译载，连研究经济学的《拔萃》杂志，也是加了编者按予以转发。原本只是无心的应景之作，却让古泳今更加刮目相看。

　　《中华日报》社的工作虽让胡兰成感到了满足，但恰逢中日战争爆发，风云乱世中他又追随社长林柏生被调往香港《南华日报》任总笔。这一时期，胡兰成在《南华日报》发表了一系列社评，让汪精卫伪政府从文字的战斗中似乎也看到了所谓的光明前景。正当正义人士对这些文章进行讨伐之际，胡兰成却收到了一封汪精卫的亲笔赞扬书信。

　　汪精卫的秘书前脚刚去，汪夫人陈璧君又亲赴香港与他面见。她毫不吝啬赏识之情，除夸赞胡兰成的文字犀利深刻外，还把他的工资涨到每月三百六十元，额外还增加了两千元机密费。来香港后的生活并不如愿，乱世里尚且有人如此厚爱，这样的苟活虽然不易却有价值，颇为自负的他只剩下不尽的感激。自此之后，胡兰成节节高升，后来又离开香港回到上海，担任了《中华日报》的总主笔，成了汪精卫的御用文人。

　　时光很快就到了十月。这天，身居高位的胡兰成好不容易处理完案

## 第三章 恋爱的味道

头的公务，起身舒展了一下身体，站在窗前向远处眺望。只觉岁月匆匆如流水，不经意间生命的时光已倏尔远逝。阳光悄然洒在树木上，又从枝叶间洒落下来，投映在地上形成大小不同的光斑，暗然的香气中，花瓣飘落。这些相互铺陈着的余温仿佛是一首诗，在树影婆娑中把四处的光静静地织成淡然的图案。这种如梦幻般的时间安详漫长，如烟飘散般内敛舒缓，在淡淡的怀想中透露着秋的静美。虽然这个季节总会让人思绪万千，但还是让人在喜悦中忍不住激动许久，只想摘下一朵朵晚秋的光芒制成精美绝伦的书签，把尚未褪尽的绿，闪烁着金色的黄，似云霞般的粉，在每一个值得开怀的日子里，熬成散发着暖意与美丽的清瘦诗句，用时光来陶醉心田。

扶手凭栏，心中不由感慨万千。眼前的一切那么好，更加感激起赏识自己的人来。陶醉了片刻后，才旋而拿起一本《天地》杂志翻阅，本是想消遣时光，却被杂志的装帧设计和内容吸引住，便在躺椅上轻松地阅读起来。

自从应邀来伪政府任职后，他逐渐学会了忙中偷闲，用片刻的安宁思考人生。这也让他的心越发远离喧嚣，从而对这些文字多了些亲近。一下午的时光很快，读到最后胡兰成也不忘翻看一眼杂志的主编是谁。"苏青"两个字遂映入眼帘。苏青又是何人呢？

1914年春天，苏青出生于浙江宁波一户书香门第，其名原为冯和仪，家人取意为"鸾凤和鸣，有凤来仪"。人如其名，苏青娇美中透着可爱，一双俏眉如弯月般微微上翘，含情脉脉的眼中仿佛充盈着一汪清澈的湖水，不时闪出灵秀的光芒，加上一个甜甜的酒窝，更将妙曼的古典气质尽数表现出来。

20岁那年，风华正茂的苏青以优异成绩考取了南京国立中央大学英语系。在众多不显山露水的同学中，她的美一望可知，且性情率真，个性十足。为了爱情，她竟然主动放弃学业与高中同学李钦结婚。她这时就已经表现出不凡的文学创作才能，后来和张爱玲、关露和潘柳黛被誉为上海滩的"四大才女"。

苏青那部连续再版了近40次的小说集《结婚十年》，创造了空前的盛况，甚至比张爱玲的《传奇》《流言》还要引人关注。书中她写出了婚后的不幸生活，也写出了对爱情的渴盼和理想。"我需要一个青年的、漂亮的、多情的男人，夜里偎着我并头睡在床上，不必多谈，彼此都能心心相印，灵魂与灵魂，肉体与肉体，永远融合，拥抱在一起。"而现实生活中，苏青的婚姻生活却一片狼藉，没有生出儿子带来的屈辱，丈夫的背叛，这一切都让性情刚毅的苏青不能忍受，最终盛怒之下结束了经营数年的婚姻。当她带着三个孩子净身出户的那一刻，才意识到婚姻也如浮萍，动荡不安。而如何应付离婚后的艰辛生活，才是苏青迫在眉睫的问题。

知世故而不世故，处于困顿的苏青开始通过写作初尝甜头，并从此一发不可收拾，她喜欢表现家长里短、柴米油盐和儿女情长的日常生活。这些文字爽利老辣,仿佛于无声处听惊雷,也让她在上海文坛变得炙手可热,每年的版权高达百万元之多。而后,她又顺应潮流创办了一份《天地》杂志,意在鼓励和提倡新式女子活出自我,敢于畅想新女性独特的生活方式。她亲自构思执笔写下了创刊号卷首语,文字老辣而不失劲道,随意中又内含深意,仿佛一场春雨之后绽放的新绿,如果要是没人说出来,谁也不知道这些文字会出自女人的纤细之手。

《天地》杂志备受推崇,在纷乱的世间绽放着一道独特的光芒。苏青把事业做得风生水起,名利双收,甚至成了上海独立女性的代言人。

此时的张爱玲,因为"珍珠港事件"的突然爆发,她已从香港回到上海姑妈家避难。每天,她都大门不出二门不迈,待在书房里写各种上海滩的故事。出名要趁早,这是张爱玲最爱说的话。虽然外面的世界水深火热,但她却是两耳不闻窗外事,一心只用无尽的柔情写着身边的琐事。写作的人自有独特的浪漫情怀,西方文化的浸淫在张爱玲身上表现得更加自然浓郁,即便是读着书,也会把自己打扮得十分摩登。那种极其小资的温婉、细腻,甚至连品着茶点时也显露着才情。她更多的是喜欢"一件柠檬黄袒胸露臂的晚礼服,浑身香气袭人,手镯项链,满头珠翠,使人一望而知她是在盛装打扮中"。她全身心都投入到现实生活的调子中,开心地用着文字赚着丰厚的稿费,真不失小女子"一场幽梦同谁近,千古情人我独痴"。

身处乱世的苏青这时也在为杂志的稿源而四处奔忙。当她听说张爱玲这个人后，专门写信向她约稿。风头正劲的张爱玲不但欣然应允，同时还对苏青的文字和杂志予以高度评价。文字虽然很短，但是一句"喜欢苏青身上平实的、让人安心的烟火气息"确实让人读后十分受用。而另一个苏青希望可以向其约稿的人，就是胡兰成。

胡兰成对这本脱俗出新的杂志亦是青睐有加，忍不住翻了两遍，不由自主地称赞："笔下这样落落大方，倒是难为她。"

合上杂志，他内心充满一种难得的平静，窗外是三教九流的险恶江湖，窗内却是另一番世界，这里茶气氤氲，书香弥漫，虽苟活于世，而这难得的慢时光也颇有趣味。可以放松身心，不去想未来的命运，也不再受往事牵绊。回想他一路颠沛，直至接受汪精卫和夫人陈璧君的盛情邀请，才让他于风云乱世中获得际遇，颇有人生动荡之感。

第三章 恋爱的味道

## 心之所安

这是位于南京石婆婆巷20号的一座小院。

小院周围都是江南风格的建筑,流水潺潺中带有别样温柔,让人恍然间想到"枯藤老树昏鸦,小桥流水人家"的诗意来。这天阳光晴好,胡兰成躺在竹子编就的靠椅上,旁边还沏着一壶上好的茶。风雨里奔波了这么些年,他喜欢这样的安谧宁静,温润如水的阳光从身上缓缓流过,像是温柔的手指拂过,让人只想在这样的舒适中睡过去。

自从到汪伪政府任职后,回想自己在宦海浮沉,也是福祸难料,参与政治的热切,最终却因得罪汪精卫而备受冷遇以至被迫离开官场,内心的颓败感挥之不去,只得郁郁寡欢地先在南京的家里静心休养,安享眼前的片刻宁静。

他独自享受着小院里的阳光,躺久了还可以翻看手边的杂志以做消遣。记得之前在汪伪政府任职时,他就对苏青创办的《天地》杂志印象深刻，无论是大方的设计，还是素雅的装帧，都给人以清新脱俗之感。

他低头又把这本新出刊的《天地》杂志翻了一遍，这篇作者为张爱玲的《封锁》让他拍案叫绝，梦幻般的文字和情节，巧妙写出了人生的各种因果，他突然觉着这些文字分明就是写给自己看的，生命的历程中，他不就是一次次被政治封锁，以至心中的理想无法实现吗？这些文字散发着淡淡清香，如饮清茶。"张爱玲"这个名字就这样像一阵飘逸的微风，吹进了他的心里，他开始下意识搜集张爱玲的所有文章，开始琢磨怎样绝世的女子才写得出这样美妙的文字。

"封锁了。摇铃了。'丁零零零零'……电车停了，街上的人陷入一片慌乱，东奔西跑。商店的大铁门沙啦啦地拉上了。电车里的人却相当镇静，他们在静静等待，等待着结束封锁。寂静的阳光底下，城市像一个打盹的巨人，巨大的重量一下子压到了人们的心上。他们想呼喊，想活动，想找点有意思的事情来填补这折磨人的虚空。于是，一个男子，一个女子，抛弃了俗世里的一切背景与衬托，在太初的单纯里相遇。家庭状况，工作职业，教育程度甚至衣着外貌，都成了无关紧要的东西。彼此的眼里，只有一个男人，一个女人，身上都有着他们平日里难得发现的迷人气息，一场爱恋，在拥挤的电车里开始……"

张爱玲这篇小说《封锁》，真实还原出抗战期间，一群生活在上海的小市民的生存现状。他们的彷徨、纠结和困惑映射着胡兰成，他分明觉着自己就是电车里肆意缠绵的男主人公，即便在一连串麻木而又习惯

第三章
恋爱的味道

了的铃声中,也可以仓促地投入感情。张爱玲的笔法简单却出神入化,通过独特的观察写出社会的世相,写出人性深处的情爱欲望,字字句句都仿佛要嵌进他心里。故事写到最后更为称奇,封锁的消息刚刚解禁,男子起身涌入人海不见了踪影,连句安慰的话也没留下。"封锁期间的一切,等于没有发生。整个的上海打了个盹,做了个不近情理的梦。"

简单不过的世情故事,却蕴含着至深的道理,让人每读一遍都有不同的感受,不禁有些触景生情。胡兰成在内心反复地问着自己,张爱玲这个人何以将社会写得如此入木三分,想到这里便迫不及待起身,给苏青的回信中表达了想见她和张爱玲的想法。

苏青收悉信件后,完全有些出乎她的意料,原以为发出的信会石牛沉海,却没想到身居高位的胡兰成竟然还予以回复。才智聪慧的苏青,当下就明白了胡兰成的想法。在回信中对张爱玲做了简单介绍。看着苏青一笔隽秀流畅的小楷,心中更似百爪挠心,以致他越发烦闷。

胡兰成静心休养这段时间,精力都放在了阅读张爱玲的文字上。这之后出版的《天地》杂志,几乎都会按时送到他手中。每期杂志上都会刊载张爱玲的大作,其中《公寓生活记趣》还特意配了张大幅照片。细细端详,披肩长发下闪现着淡淡的忧郁,把明眸皓齿下的纯洁彰显得分外好看,胡兰成只想立即与她结识。

张爱玲的文字抚慰了胡兰成此时颓唐的心,甚至把官场上的失意也一扫而光,激起了他从容面对生活的雄心。以后的那些日子里,他的脑海中反复出现张爱玲的忧郁面容，再也放不下。

就在这节骨眼上，没想到之前一直拉拢胡兰成的汪伪政府，突然在一次搜捕行动中不明就里地将他投到了监狱。只是这次他出乎意料地感到平静，整个人像陷入爱情一般，每天都在阅读张爱玲的文字，甚至在关押期间还写了一篇关于张爱玲的文章。张爱玲文字上的魅力让他倾心不已，而想结识她的心情也就愈加迫切。两个多月后，胡兰成在日本人的干预下，才获准出狱。只是他没有先行回家去看望妻儿，而是一脸喜悦地来到苏青住处，丝毫不在乎外界眼光。狱中留下的憔悴神情还未拂去，天生的风流倜傥让胡兰成蠢蠢欲动。昏暗的灯光下，苏青"鼻子是鼻子，嘴是嘴，无可批评的鹅蛋脸，俊眼修眉，有一种男孩子的俊俏——在没有罩子的台灯的生冷的光里，侧面暗着一半，她的美得到一种新的圆熟与完成"。谁能受得了这样的赞誉，就连苏青也无法拒绝。

欢愉过后，俩人不忘谈论文学，胡兰成对苏青创办的《天地》杂志赞不绝口。这一切都让苏青乐不可支，不一会儿这位素喜拈花惹草的男人就提到了张爱玲。这在他日记中有记载："及我去上海，一下火车即去寻苏青。苏青很高兴，从她的办公室陪我上街吃蛋炒饭，随后到她的寓所。我问起张爱玲，她说张爱玲不见人的。问她要张爱玲的地址，她亦迟疑了一会儿才写给我：静安寺路赫德路口192号公寓6楼65室。"

苏青心中虽有不悦，可脸上依旧挂着笑容。一生阅女人无数的胡兰成知道自己失了态，却也不在意，手中紧攥着来之不易的纸条。情到深处，苏青越发入神地看着胡兰成。"这是一个十足像男人的男人，他的脾气刚强，说话率真，态度诚恳，知识丰富，又有艺术趣味。"这样的文字描述，全然是苏青内心情感的表白，但胡兰成的心思已全然不在苏青身上，而苏青看他却仍是崇拜，"他是一好宣传家，当时我被他说得死心塌地地佩服他了"。

苏青知道她无法留住眼前这个人，不知道情深几许，也不知道意有几何。一袭青衣长袍辞别了苏青的盛情挽留，胡兰成便迈着自信的脚步朝张爱玲公寓而去。一路走来，犹如一地暗香扑面，他的心情也好到了极处。站在张家门前，先对周围的环境简单环视了一圈，这才整理衣服伸手敲门。他脸上没有丝毫的局促，反而多了些文人的斯文气息。

听到有人敲门，姑姑张茂渊便抬身下楼。看到门前这位衣着整洁的先生，当即一脸严肃地顺手将门掩了多半，而后才隔着门仔细端详。这情形让胡兰成有点不知所措，当他反应过来要开口说话时，那扇半开半掩的门就要丝毫不客气地关上了。这时候胡兰成赶紧伸出手来推门，然后又用另一只手去衣襟中掏名片。

"我是胡兰成，特地来拜访张爱玲女士，请您务必告知。"

话音未落，门却已经不轻不重地掩上了。对着那扇厚实的门，胡兰成有些尴尬地拂去额头上的细汗。高处的阳光映了过来，淡淡地投射在他脸上，谁也看不到他此刻的焦灼、哀怨和一袭微凉。随着街巷风吹过，思绪也变得凌乱起来，留下的只是说不出口的淡淡忧伤。

# 第三章 恋爱的味道

张茂渊本是个热心人，这些年也见惯了各色人物，也许遭受了太多情感挫折，对男人永远是一副冷面孔，让那些素不相识的来访者知难而退。

第一次拜访就吃了通闭门羹，看来要见张爱玲一面确实不易。这时的张爱玲还沉浸在自己的文字世界里，对胡兰成亲自登门尚不知情。

对胡兰成，平时很少出门的张爱玲是只闻其名，未见其人。此前刚结识的苏青主编来家喝茶聊天，突然说起了胡兰成的种种事情，张爱玲才有了兴趣。决定陪同苏青一起去救助身陷囹圄的胡兰成。她们先找了周佛海，希望他能够出手相救。然后又去了南京四处周旋。这一遭行程下来，张爱玲对苏青为朋友不辞辛苦的精神大为感动。她特别欣赏"苏青是乱世中的盛世人。在她人生最好的年华里，整个中国都处于烽火之中，孤岛上海仍然歌舞升平，成就了她的一段传奇"。尤其她像一束独立熊熊燃烧的火焰，在无比热闹的爆炸声中，时常能让张爱玲从中看到与众不同的人生样态。正基于此，"无论如何，两个女人的敢作敢为还是感动了牢狱中的胡兰成，虽然胡兰成已有妻室，还喜欢狎妓游玩"。

见不到张爱玲，胡兰成有些沉闷。痛苦像一把利剑，戳中了内心最柔软的地方，他深感无力。别无选择，只能闲居在家。苏青闻讯过来安慰。看到这个男人动了心，苏青甚至有些嫉妒。

《天地》杂志刊发了胡兰成的《论张爱玲》，反响热烈。胡兰成在文章中写道："鲁迅之后有她。她是个伟大的寻求者。和鲁迅不同的地方是，鲁迅经过几十年来的几次革命和反动，他的寻求是战场上受伤的斗士的凄厉的呼唤,张爱玲则是一枝新生的苗,寻求着阳光与空气,看来似乎是稚弱的,但因为没受过摧残,所以没有一点病态,在长长的严冬之后,春天的消息在萌动,这样的苗带给了人间以健康与明朗的、不可摧毁的生命力。"无疑,他给了张爱玲至高的评价,从文字可见,胡兰成虽为人轻薄,对张爱玲的了解还是透彻的。她从他的文字里跳脱出来,活生生一个民国世界里的临水照花人。

苏青和张爱玲的关系日益见好,俩人时常还会相约着一起逛街、喝茶聊天,也会谈些男女的爱情故事。苏青经营十年的婚姻失败后,性格中便多了刚强少了温柔,那不近悬崖、不树异帜的风格,使她在现实的世俗中活得实在,也把胡兰成这份火热看得清清楚楚。而眼下的胡兰成仍为面见张爱玲而百无聊赖,直到这天来了一个陌生电话。

"您好,请问是胡先生吗?"

"您是?"

"我是张爱玲,近期有空想登门拜访。"

这个柔弱而坚定的声音,正来自不食人间烟火的张爱玲。胡兰成不知该说些什么好,当他听到那朝思暮想的名字时,甚至紧张地出了身虚汗。直至放下电话,他相信了刚才发生的一切都是真的。

细细的一根电话线,无形中让这位民国的临水照花人,从尘埃的芳魂中款然走了出来,胡兰成喜出望外。

也许,所有的爱恨纠葛,皆因缘而起。

# 第三章 恋爱的味道

## 一丝执念

得知胡兰成来拜访的那天晚上,张爱玲在床上翻来覆去,很晚才渐渐睡去。

说起胡兰成,这个人在上海滩应是家喻户晓,宅居在家的张爱玲自然也不陌生。也时常听苏青谈起,她也萌生了见一面胡兰成的想法。灼灼桃花十里,取一朵放在心上;任凭弱水三千,只取这一瓢饮。思前想后,她终究打了电话提出回访。

作为天生的完美主义者,张爱玲做任何事情从来都会事先做精心准备,这次的仓促决定却让姑姑看得云里雾里。才听闻乱世里风尘男子的名字,她的心绪已乱得不知如何是好,竟与以前大为不同。看得出她内心的迫切,她真的需要结识这位风流的男人吗?

当然,张爱玲在电话中表现得也很含蓄,从她在电话里传递的意思可以听出,即"往而不来,非礼也;来而不往,亦非礼也"。即便如此，已让胡兰成心花怒放。

见面那天，张爱玲还是用心选择时尚的短旗袍，外搭咖色的呢子长大衣。这让她看上去多了几分女人味。细碎的步履，稍露的脚踝洁白如瓷，一步一步朝这个之后与自己纠葛了半生的人走去。

胡家宅院位于大西路的美丽园附近，张爱玲几乎没有迟疑，敲了门。

门一打开，高挑清瘦的张爱玲映入眼帘，携带着一种飘逸之气，似是与生俱来的骨感和优雅，这种感觉与想象中大有不同，胡兰成不由分说地立即将这位日夜期待的女子迎入家中。从接到张爱玲电话那刻起，他也千百次地构想过，无比焦灼地期盼过，这个写出那么深刻的人生故事的，该是一个如何惊世骇俗的奇女子，该有着怎样的容颜。虽然曾在杂志上看过照片，但他仍不住端详，似乎要在那双清纯的眼神中寻找和想象现实中人的绝色魅力，或许在他心中，早已画出了一个张爱玲的样貌。

千年轮回，只为等待一个人；三生缘分，换得你一世笑颜。张爱玲主动来见胡兰成，除了心中的期盼外，也许还带着对他的感激。当她看到那篇《论张爱玲》的文章后，被文中新颖别致的观点打动，她好奇胡兰成何以会有如此犀利的一双眼，把自己看得这般透彻。张爱玲向来不喜欢按规矩出牌，也因这些文字生出了好感。在最美好的时光中，两颗火热心灵间的邂逅，似乎只有一朵花开的时间，但那温柔的流转中，虚

第三章
恋爱的味道

101

幻的愿望也似乎要变成久别重逢。

  不论怎样，彼此就以这样的方式见了面。"我一见张爱玲的人，只觉与我所想的全不对。她进来客厅里，似乎她的人太大，坐在那里，又幼稚可怜相，待说她是个女学生，又连女学生的成熟亦没有，我甚至怕她生活贫寒，心里想战时文化人原来苦，但她又不能使我当她是个作家。"风流成性的胡兰成，见过世间各色女子，如张爱玲这般不可捉摸，却饶有韵味的则少有，实在令他惊艳。她不是妖娆风情的美，甚至与想象中有落差，却让胡兰成彻底迷乱了心迹，打翻了他曾固有的关于美的认定："美是个观念，必定如此如彼，连对于美的喜欢亦有定型的感情，必定如何如何，爱玲却把我的这些全打翻了。我常时以为很懂得了什么叫作惊艳，遇到真事，却艳亦不是那种艳法，惊亦不是那种惊法。"慢慢地，他心中的那份等待、那份梦幻，又不知不觉重新荡漾于心底，一切都那么顺其自然。

  眼前这位瘦弱清爽的女子，腹中似乎藏着太多讲不完的事情，沉稳中带着宠辱不惊的气度。"她的神情，是小女孩放学回家，路上一人独行，肚子里在想什么心事，遇到同学叫她，她亦不理，她脸上的那种正经样子……她但凡做什么，都好像在承担着一件大事。"涉世浅，点染亦浅，胡兰成则多情而世故，他发现张爱玲内心积蓄着太多渴望和激情，单纯中洋溢着青春的气息，气质非凡而不自知，如同生长在繁华都市的奇花异草。

# 第三章 恋爱的味道

这美妙的感觉让胡兰成愈发不愿放手，尤其对她那故作正经的模样，更是迷恋得不能自拔，突然间生出种"与君初相识，犹如故人归"的意味。

一切皆因文字相识，自然少不了与文学相关的话题。评论相对客观的胡兰成，在谈及中国文艺创作现状时，对张爱玲的几部作品进行了点评，其间多是中肯的赞美之词，让她心生感动。"你的《封锁》是非常洗练的作品，简直是一篇诗。我喜欢这作品的精致如同一串项链，但也为它的太精致而顾虑，以为，倘若写得巨幅的作品，像时代的纪念碑式的工程那样，或者还需要加上笨重的钢骨与粗糙的水泥。"不断悸动的心，哪里经受得住这般言语的冷峻与温柔，他们不断在语言的峰值中沉浮。先是轻微的煽情，又是天马行空的调侃，接着是充满人情味的赞誉，如同在质朴的岁月中享受安宁。一念成魔，胡兰成滴水不漏的言语，充满着灵性的情感皈依，试问哪位情窦初开的小女子能够抗拒？

他们相对而坐，清冽的茶香徐徐弥散在空中，彼此间少了些许不自在，开始天马行空地谈东说西，从写作讲到生活，从人生讲到胡兰成任职的南京伪政府，胡兰成差不多要把自己经历的所有故事一股脑全倒出来，张爱玲只是听着，不时附和着，她听得入迷，也会问些幼稚的问题，内心升起一股不可名状的迷恋来。相见恨晚之感，让彼此的距离越来越近。不由得让人疑惑，到底是什么样的力量把这对生命缠绕在一起，又该如何对待这段生命中的偶然交会？

不知不觉五个小时过去了。

倘若人生是一条岁月的河，那么它的左岸是温暖的遇见，右岸是快乐的记忆，流淌其中的便是如水年华。这样融洽的聊天氛围，无疑让两个人彻底陶醉了。

张爱玲很少享受过这样聊天的快感，很快就忘记了以往经历过的温情与残酷、美丽与苦难，似乎那些都与自己无关。她看着眼前这个侃侃而谈、气度风雅的男人，心里有一处地方松动了。她佩服胡兰成的用心，他一定读了自己不少作品，不但悉心研究，还从中提炼出了独到的观点。这样几近奉承的聊天，不免让人陶醉。桃花带露泛，立在月明里。一种欲说还休的波澜激荡心间，其中溢出的千万种滋味无疑是美好的，带着无比的向往，也包含着对彼此的欣赏。如此文雅的聊天有谁能够拒绝，又有谁甘愿拒绝呢？

也许每个人骨子里都有着一种冲动，动的是心，乱的是情绪。此时的张爱玲才24岁，虽在创作上文笔洗练，叙述老到，对人生体察细致入微，但在爱情上仍是一张白纸，像一朵尚未开放的花。胡兰成则已38岁，情感和婚姻上已经历了唐玉凤、全慧文、应英娣等3位女性，风流成性，可谓情场老手。对张爱玲而言，经常出入上海、南京政要名媛圈的胡兰成，完全就是风趣幽默的代言人了。无论是他的风流倜傥，还是他的温文开朗，都在动情流畅的谈吐中滋润着张爱玲情感的空白。察己则可以知人，察今则可以知古，胡兰成令张爱玲折服不是难事，尤其是那种悄无声息的融入，更是在全方位调动着她的心绪。

熟悉胡兰成的人都知道，他不但很会博得女人欢心且手段高明，并且还能巧妙运用三件法宝：一是喜欢用伤心的往事来换取别人同情；二是以辉煌的情史来显示不凡经历；三是以花女人钱视为亲密接触。循规蹈矩的张爱玲，在他的侃侃而谈中，也慢慢痴迷其中了。

听着窗外的喧哗，共饮着香茶，说不完的话语，聊不完的人生。这样惬意的环境中，无论是要排除内心的寂寞，还是消遣人生的快意都正得其所。苍翠的枝叶在房前屋后来回闪烁着，让人觉着幽径中的春华别有风趣，和风细雨中的孤独带着另种色彩。

随着天色渐渐黯淡，谁也不愿说出道别的话来。越是这样，两人的关系便越亲密。得与舍、始与终，在不完美的人生中犹如眼前这杯清茶，把初时的苦涩渐然变成了恬淡香甜，全然浸润在幽香的诗意中。直到张爱玲不得不走时，胡兰成才发现昏黄的夜色都如此迷人，从窗外望过去，华灯初上，星星点点中满是昏黄的温暖，更是透着不尽的甜蜜与感动，似乎要在这初次的相见中来慰藉他们。

也不知道是怎么起身下楼的，他们伴随着淡淡的风息并肩走着。要说回家的路并不算长，行人零零散散，清脆而清晰的足音缓缓地流淌着，把漫长的身影留在了弄堂。"我的惊艳是还在懂得她之前，所以她喜欢，因为我这真是无条件。而她的喜欢，亦是还在晓得她自己的情感之前。这样奇怪，不晓得不懂亦可以是知音。"这样的唯美就像是一场初恋，任谁一辈子也无法忘记，反而希望能这样永远地走下去。

一边是不凡的谈吐，一边是认真的倾听，彼此都在感受着新鲜与不同。"他们花费了一辈子的时间瞪眼看自己的肚脐，并且想法子寻找，可有其他的人也感到兴趣的，叫人家也来瞪眼看。"从这样的文字中不难看出，如果没有类似的经历，根本就不会有这样委婉的感慨。

"你的身材这么高，这怎么可以？"

两人肩并肩走着，不料胡兰成突然冒出了这句话，张爱玲心底一惊，但表面上对这唐突的言语并不以为意，神情朦胧着，让人感受不到她的内心，她何尝不明白其中的暧昧意味，只是有些发窘。可她的脸色还是突然绯红起来，映衬着浅淡的笑容，这美带着说不出口的诱惑，像极了温柔燃烧的焰火。

灯光下，胡兰成只是听她的声音就已经情绪盎然，现在又隐约看到她甜甜的笑容，巧笑倩兮，美目盼兮，心里顿时就荡漾起万般柔情，似一条小蛇悄然潜入心扉，乱了方寸。

张爱玲回到家时，她只觉着这一天光景如在梦中，望着红茶中的倒影，恨不得把少女所有的心思都沉浸其中。从来不愿对人敞开心扉的女子，第一次知道了挂念一个人是什么滋味。

第三章 恋爱的味道

# 烟火尘埃

自从张爱玲"见了他,她变得很低很低,低到尘埃里。但她的心里是欢喜的,从尘埃里开出花来"。她的内心充满了恋爱般的感觉,措手不及的喜悦,让她慌乱起来,无疑,她陷入了爱情。这种感觉唯美又让人心动,爱情的流光溢彩将张爱玲重重包围。

雨斜斜地飘着,绝妙的意境让胡兰成充满臆想。他仿佛看到在粉色的油纸伞下,一位婀娜女子款款地走了过来,身后留下的是无比寂寞的空巷。他一遍遍地回味着与爱玲的初次见面,恍若刹那绽放的灿烂烟花,在尘埃中散发阵阵温暖。胡兰成执意在内心描摹着她的美,为着满足自己能够见到她的心愿,以后的几天时间里他都来找张爱玲,促膝长谈。只有内心如同杯中来回晃动着的佳酿,始终不能平静下来。

默契,让他们彼此间心心相印。只要听到敲门声,张爱玲就欢喜起来,一天的时间似乎专门在等待这个声音。她会在最短时间内把自己收拾一番。她的心情如溪水流淌，时而平缓中荡漾着微波，时而又急湍击起水花，所有一切看起来都那么美好。

这样的感觉也让失落的胡兰成感受到了温暖，他无法抑制内心的慌张。身处这些华贵精美的陈设之中，他无形中变得渺小起来。

随着彼此不断接触，他出乎意料地被请进了张爱玲的闺房。虽说房屋不算大，可收拾得甚为雅致，房屋的华贵，家具的高雅，都透着一种清新明亮之感，甚至带着某种诱惑。胡兰成见此大为惊叹，说房间有着"一种现代的新鲜明亮断乎是带着刺激性"，也许正是这种氛围让他陡然变得很低，恍然间还以为来到了世外桃源，似乎不安也皆来源于此。还没有来得及细看里面的摆设，精心装扮过的张爱玲，已经落落大方地出现在他面前，这次和上次又大为不同，宝蓝色的绸缎袄裤带着风的飘逸，嫩黄色的边框眼镜彰显着时尚，那双绣花布鞋煞是好看，上面还带着一对流苏，风韵清雅。或许繁复的东西中都透着华美，让人看过去就仿佛是从骨子里长出来的一样。"恍如十七八岁的女生正在成长中，却连女学生的成熟亦没有，但衣着打扮却又透着华贵雍容之气，一时间让人近身不成。面对此情景，当下便不安起来。虽说不止妖娆风情，却绝对是清纯洁净。"这般精巧的人，映着细致的家具陈设，顿时就大为不同起来。淡淡的香味一直环绕着，一时半会儿又无法知道到底是粉香、檀香，还是植物发出的幽香，给人感觉就好似从木料中散发出来一般。激动的心情好不容易平静下来，等着放眼细看过去时，斑斑点点的阳光照着高高低低的红木家具，便添了属于它的华贵气质，也闪烁出这个家庭真正的色彩。大处用心，小处亦然。桌面上还有着平展的布幔铺陈着，上面还用丝线绣着各种吉祥的图案，依然那么精细风雅，流苏便静静地垂在四周。不远处的桌子上还置放着一个青铜的香炉，袅袅的烟气从中升腾起来，看过去便有了氛围。这样的摆设完全超脱了富贵和奢靡，无论是光线，还是堂皇富丽，都与主人的爱好和气质息息相关。房间内的色调很适合聊天，那粉色的窗帘轻垂地面，窗外的光便被吸附了许多，风一吹过来便来回地摇晃着，像是拂动的琴弦，又似袅袅的烟火，轻盈中带着难以描述的奢华。屋内是如此美妙的光景；阳台外，全上海都在天际云影日色里，电车铛铛地来去。"千秋无绝色，悦目是佳人。倾国倾城貌，惊为天下人"的感觉让他的内心饱含幸福。

张爱玲微露皓腕，如霜雪般白皙，仿佛高山上流下的清泉，让他思绪万千。或许从这时起，他的记忆里更是万千心思于一处。

看不尽的是乱花渐欲迷人眼，悟不透的是无法按捺住的诱惑。

张爱玲喜欢这样的生活方式，她邀请胡兰成来闺房，并非想以此炫耀自己，不过还是让胡兰成的心思有所惊醒。说不出口的落差，让他觉着自己过于卑微。张爱玲莞尔一笑，更让胡兰成感到紧张。

"你这里布置得非常好，我去过好些讲究的地方，都不及这里。"

"这里的一切，都源自母亲和姑姑的精心布置，只是住久了，便习惯了。"对于这些，她只是谦逊地予以回应。无关轻重的说辞，却又一次说到了他心里。或许这才是心心相印的感觉吧？！

他不想离开这座房间，在这里待了很久。张爱玲也没有表现出反感，也没有看出任何局促，反而像个可爱的小学生，安静地听着，偶尔说上几句话。她沉迷于他风趣的谈吐、他的才气学识，是聆听亦是懂得。虽然她看上去并没有那般绝世美貌，但弱不禁风中又有着一丝丢魂的诱惑。渐渐习惯了环境后，胡兰成才慢慢谈理想、说人生以及自己生命中的各种曲折，最后说到了小说《孽海花》。胡兰成自然知道主人公威毅伯的原型，就是张爱玲外曾祖父李鸿章。张爱玲自然听得津津有味。她是何等聪慧之人，也懂得对方的用心，便稍微欠身，取过身边几案上的纸笔，然后从容不迫地写下祖母李菊耦的诗句。

鸡笼南望泪潸潸，闻道元戎匹马还，
一战何容轻大计，四方从此失边关。
焚车我自宽房琯，乘障谁教使狄山。
宵旰甘泉犹望捷，群公何以慰龙颜。

仔细端详，虽然无声却又快乐知足。一首诗把彼此的关系联结得更加紧密起来。共同的话题中，彼此的谈兴和想象更为浓厚。胡兰成的目光一直萦绕在她的周围，此时的张爱玲又提笔写出了另外一首。

第三章 恋爱的味道

> 痛哭陈词动圣明，长孺长揖傲公卿。
> 论才宰相笼中物，杀贼书生纸上兵。
> 宣室不妨虚贾席，玉阶何事请终缨。
> 豸冠寂寞丹衢静，功罪千秋付史评。

反复读了几遍后，胡兰成忍不住击掌叫好，不但大赞其字迹娟秀有力，而且对其很快能誊写出曾经为人传唱的诗文赞不绝口。细想，这哪里是在誊写诗文，分明是在情意悠长中抒写穿越流年的清丽。不料想张爱玲却并不为这样的示好所动，只是轻描淡写地说祖母作诗的技巧不很纯熟，这些诗都是经过祖父反复修改后才得以示人。如果要说诗中表现出的凄凉、复杂，那确实是一点也不为过，尤其是对马江海战失利后的无比痛惜，以及对于国破家亡的沉重哀叹，于绵密的脉理中能够读出指陈时事的悲伤。原本是一段因嫁女而生的诗话，结果便被她活生生地肢解开来。他心中的张爱玲变得越发锐利无比，才艺绝代，那种知书达礼散发着清新的溪流，充溢着智慧和才情。张爱玲的确与众不同，她在肆意表现的同时，又不时触及这个男人的所有好奇。缘是切磋，缘是询问，缘是关切，缘又像是怜爱，不经意中流露出美好的风韵和清纯。好多年后，这个深陷其中的男人依然深有感触："男欢女悦，一种似舞一种似斗，而中国旧式栏上雕刻的男女偶舞，那蛮横泼辣亦有如薛仁贵与代战公主在两军阵前相遇，舞亦似斗。"不论是要征服女人，还是要征服世界，现在看来激情似火的征服从来都是男人的梦想，或许是甘甜如蜜，或许是心旷神怡，两个人不动声色的比试，犹如烟花柳月下的云水苍茫，无法阻拦的却是不妥协下的包容。

相聚总是如此短暂，恍若一世转瞬。尽管天色已晚，但他仍不愿起身别过。张爱玲亦是端坐在旁，款款有礼，如夜色中弥漫的花香，无时无刻不在牵动着神经。他恍然间觉着渺小了许多。原本是两个人的比斗，现在成了美如春花的恋慕，谁都想不动声色地攫住对方的心。

总之，张爱玲死心塌地要恋爱了。这样的相遇像滋养灵魂的旅程，她不断在幻想中织就着美妙的情感。就算是一场易醒的梦，她也要在迫不及待中将自我幻化成永恒。

谁也没有想到爱情会来得如此之快。这些年，她一个人苦心付出和期盼，不就是为了此时的微雨燕双飞吗？张爱玲的爱意如同火焰般肆意蔓延，像她从不妥协的性格一样，似乎要将所有的传统礼仪全部烧掉。张爱玲才发现自己的身体变得发烫起来，就感觉自己仿佛即将爆发的火山，不仅要烧掉自己，还要无情地毁了别人。张爱玲曾在《烬余录》中写下了香港空战期间，有学生登报结婚的生活世相，当时真不懂这样的夫妻在一起，是想依偎着躲避战争，还是为了乱世中的真爱？当一对对男女怀着某种目的走到一起时，实际上却只是为了苟且地享受。那么自己呢？人其实都是如此，看别人时，一目了然；换成自己，却始终一片茫然。

# 第三章 恋爱的味道

等待的尽头是海角，想念的那端是天涯。陷入了爱情的男女，以轰轰烈烈的燃烧来面对这些机缘，像李益与霍小玉，步非烟与赵象，关盼盼与张愔，在征服与折服、渴望与期待的纠结中相互交织。山雨欲来风满楼又有何妨？反正一段爱情要上演了。

暮色已被墨染得十分凝重，胡兰成这才有些不自在地起身揖别。淡淡的灯光下，张爱玲的身体越发削细，曼妙的身形显得很鲜润，极易让人生出联想，连不易察觉的眼神也变得多情起来。因为忘我热情地聊着，过去了五六个小时也未察觉，竟然兴奋得不知饥饿，不觉困乏。回到自家小院后，胡兰成抑制不住喜悦又接连唱了几支小曲。

率性的他最终没有压抑住情感，又乘兴提笔写了封长信，毫不隐讳地写出了爱慕和欢喜，并愿意进一步深入交流。不及细读一遍，他便起身找人送信，只想即刻将信送到对方手中。

一句深入交流，让所有与爱相关的话语都得以浓缩，细细品味，却又包含着千言万语。收到信的那一刻，张爱玲急切地打开了。信让她的心绪越发飘然起来，脑海中在不断地生出各种美妙。

又是一天下午，张爱玲静静地趴在窗前发呆，窗外来来往往的电车热闹纷繁，把人看得是眼花缭乱。芸芸众生中，那熟悉的身影由远至近越来越大，直到瞧见他的那刻起，手中的茶都差些要洒了出去。都说你曾是我的红尘客栈，我曾是你的驿路梨花，就像千年前的缘定三生，因了这份特殊的爱情，张爱玲不安的心恨不得飞到他身边。络纬秋啼金井阑，微霜凄凄簟色寒。孤灯不明思欲绝，卷帷望月空长叹。人群中，他只是微微抬头示意，迷离的眼神闪电般直往她内心而去。他这样的轻松和稳重，无疑是要融化张爱玲这座冰山。

虽非美人，倾尽天下又何妨？可谁说只有美人才能尽享爱情。四季在悄无声息地轮回，生命在季节的更替中如影相随。自从轻轻握别之后，时光就仿佛停滞不前。相思甜，相思苦，相思如酒让人迷恋。万般无奈的凝视后面，是一行行热泪汇成的河流。

浮生万象，繁华三千。与擦肩之人陌路，是为缘浅；与所爱之人白首，则是情深。难怪说，世间的一切皆因缘而起。以后的日子，胡兰成成了张家的常客，不时就会去找她吃茶聊天。"谁能克制住不沉醉于贝多芬的第九交响乐，巴托克的钢琴二重奏鸣曲、打击乐以及硬壳虫乐队的白色唱片集呢？"精神上的情投意合，为平日里安静的寓所带来诸多欢笑，在对方心灵深处烙下了深深的痕迹。在胡兰成看来，张爱玲更胜似红茶，喝进嘴里便让生命无比喜欢；但在张爱玲眼里，他其实是比鹤顶红还甚的毒，只是自己无法抗拒这芬芳的气息。

姑姑张茂渊何尝不知胡兰成的用心，因此也一直没有给他好脸色看。胡兰成越是这样的打扮，就越是让她感到不屑。尤其又是已婚的男人，还沉迷于这畸形的儿女情长，甜蜜的爱恋只会使得姑姑更加反感。等胡兰成一走，她就很不耐烦地数落侄女，教导她不要因这样的人和事毁了清白。张爱玲觉着姑姑说的也有理，只是身陷情海无法控制，唯有放任性情在红尘中继续离经叛道。

为了呼应姑姑的说教,等到俩人再次相聚时,张爱玲脸上真的生出了愠怒,以往的莺歌燕舞不见了,冷淡的言谈中似乎结了冰。胡兰成以为这一切都是水到渠成的事,只是没想到突然换了风向。他摸不清东西,也不好唐突地去问询原因,便只好在坐立不安中选择离去。

分离的那刻,门缝里塞出一张小纸条,上面写着"以后不必相见"的字样。失落感顿时化成了汹涌扑面的波浪,让这一切迅疾而逝。

走在回家的路上,他回顾了这段时间的交往,始终不知哪里出了问题,他也想不出太多的理由来解释,却还是一如既往地前往她的寓所。

原以为摆出来一张冷脸,就会拒人于千里之外。没想到胡兰成"厚脸皮"的做法,瞬间就让张爱玲失去了主意。再次出现在张爱玲的寓所时,他还是保持着之前那副笑脸,时而是天文地理,时而又是文化艺术,开心笑谈着,似乎什么也不曾发生。姑姑端茶过来,借故又是催促张爱玲。她只好再当着姑姑的面说出"以后不必再来"的绝情话,慌乱的眼神中依然还是那么迷离。姑姑会心一笑,胡兰成也在心里一笑,这时才发现张爱玲完全就是个透明人,他世故而又老到的眼里,这所有的变化完全都是在敷衍眼前的姑姑。

张爱玲反复在说,胡兰成干脆默不作声。只感觉这种无礼要激怒对方,实际却又在变相配合着张爱玲的说教,从而使她越发地犹豫不决起来,不知道该是坚强还是愠怒才好。如此一来,这两个人就将姑姑的苦口婆心完美化解为耳边风。

　　一个孤傲高冷的人，内心实则对柔软温暖有着本能的向往，如何抵制得了男人的撩拨。胡兰成用这种有意的唐突和执着，让她内心焦灼难耐，又刻骨铭心。而胡兰成将这种手法运用得炉火纯青，巧妙地抓住了张爱玲的心。

　　等到再次见面，胡兰成故意提到《天地》杂志上的文章，随后又谈及那张大幅照片。说到照片，她严肃的表情中表现出了无比温柔，温柔中还带着诱惑，诱惑中又蕴含着些难以释怀的情绪。一大堆的奉承话源源不断朝她涌来，终究她什么也没有再说，而是用面含羞涩的笑来回报。第二天再见面时，张爱玲拿出了那张原版的照片赠予对方，还煞有其事地在背面写下一行秀丽的字：见了他，她变得很低很低，低到尘埃里，但她心里是欢喜的，从尘埃里开出花来。

　　再多的文字未必就能懂得，再多的激情未必就能面对。但一个眼神、一句话语，就将张爱玲轻轻松松地淹没在汹涌的情海中，这些都注定着她要在这激荡的波涛中失却全部。

　　虽然如此，心思聪慧的张爱玲早已在心底勾画出了一幅图景。漫长的抗战终于结束了，而心中的那个男人迫于现实压力，逃到一座偏远小城苟延残喘。她闻讯后却是不离不弃，不顾山高水远找寻了过去，根本不去想是否会遭到拒绝，也不在乎他会说些什么。爱不就是这样吗？如果没有经历过爱恨交织，又怎么会有刻骨铭心的山盟海誓？最终两人相拥在穷乡僻壤的青灯下。呼啸而过的风拍打着窗棂,窗纸不时地发出惊悚的声音,在温暖的被窝里彼此紧紧依偎,只听着熟悉而又渴望的气息,长时间说不出一句话来。

窗外翻江倒海,窗内却仿佛凝滞了一般,只有小说中才会出现的浪漫情节,就这样被张爱玲套搬到了自己的思想中。没有谈什么未来以后,也没有天长地久的承诺,彼此只是傻傻地看着,恍若是经历过生死爱情的雕塑,可以用一生一世来形容。

高傲的张爱玲全然放下了身段,全身心来迎接着这不被看好的爱情,也不去在乎外面的风雨,只顾享受着当下的幸福。爱情的力量如此强烈,胡兰成也没有心思去顾及温暖的小家,他现在只想守着张爱玲醉生梦死,晨昏不分,任眼前的人生幻化出更多美妙。一朵尘埃中的花,就此有了温润如水的呵护。

对于一个懂得自己的人,情感细腻的张爱玲自不会耗费精力去管其他,那种拖泥带水的事情于她而言太没有意义,她之所以会飞蛾扑火般地投入,不顾眼前这些世俗困难,无疑是已被胡兰成深深吸引。爱有多甜,幸福就有多热烈。他眼神里洋溢着爱和温柔,每每只要看到张爱玲时内心就会充满炽热。这在他后来出版的《今生今世》中也提及过:

"她却又非常顺从,顺从在她是心甘情愿的喜悦。且她对世人有不胜其多的抱歉,时时觉得做错了似的,后悔不迭,她的悔是如同对着大地春阳,燕子的软语商量不定。"

不论张爱玲笔下描绘的生活有多精彩,生活的经历于她其实都是陌生的,在她过往的生活中也都不曾有过。在赠予胡兰成那张照片的那一刻,就已经表达出了心中最含蓄的想法,这样的女子永远都是如山似海,看起来简单,接触起来却又让人捉摸不透,至少从当下的主动来看,她分明就是喜欢,就是以身相许,就是臣服自愿。

一个相对保守的时代,这种是带着火热般激情的举动,使胡兰成落寞的心得到了慰藉。欲说还休中带着主动,含情脉脉中透着诱惑,让他就对这样的女子越发地喜欢起来,尤其是惊喜地接过照片的那刻,他的心才渐渐落地,一切变得如此安稳。胡兰成久久凝望着竟然不知道要如何表达自己的内心,而后却又猛然抬起头来,望着她的脸说:"我不喜欢恋爱,我喜欢结婚。"

这句话说得不轻不重,却又带着巧妙的试探。突如其来的话语让张爱玲有些尴尬,不知该如何作答。胡兰成就那样看着她,她也变得不惊不诧起来,旋而低声下气地从嘴中挤出来一句话:"你的太太呢?"

"我可以为了你而离婚。"

这话信誓旦旦,也说得一本正经。看来人只要入了情海,没有什么话不能说,也不在乎这些话可信不可信。

这哪里像是在聊天,完全就是在试探、在承诺。一个是跃跃欲试的猫,尽情地玩弄挑逗;一个是疲于奔波的鼠,在上下来回躲避着。

"我现在不想结婚。过几年我会去找你。"

真不知张爱玲是如何看待这段感情的,她又该如何来持续这段感情。胡兰成更是不可思议,"我已有妻室,她并不在意。我有许多女友,乃至挟女友游玩,她亦不会吃醋,她倒是愿意世上的女子都喜欢我。"他本来还担心着这段关系随时会戛然而止,没想到张爱玲竟然会为了爱情不管不顾。到底是该庆幸还是该惋惜,是该感激还是该横眉?她这种做法,让胡兰成不太明白,却也不多过问,只是心安理得地乐享自在。原来以为只是会擦肩而过的朋友,而现在竟然可以在昏黄油灯下共度余生。既然张爱玲也不拘泥于享受生活的态度,自己又何必那么多繁文缛节?人生一世,也许就是卿卿我我、朝朝暮暮,不论未来会面临何种生活。这大概就是胡兰成爱的态度。

对他们而言,追求的不就是这种所谓轰轰烈烈的人生吗?就连素喜自我保护的张爱玲也敢于冲出保护,用满腔的热情扑进火热的情感中,从来都是有何样的因,便会结何样的果,只是于她是悲是喜都不会那么在意了。

因为爱过，所以慈悲；因为懂得，所以宽容。

第四章

相看两不厌

就此别过
长恨无期
情缘难测
红尘有缘

## 红尘有缘

"亲爱的,请你嫁给我吧!"

站在对面的张爱玲并未作声,心里却因了这句话激动不已。这句话让她着实等了太久,也让她完全结束了脑海中无休止的臆想。"人活着不在于世界让你高兴,而在于你选择了高兴。"确实如此,不论人身处何种境地,遵照自己的内心做选择是一种能力,当心思如水的张爱玲毅然决然选择了胡兰成时,她已经准备好承担一切,她不问世事,不在乎乱世流离,一心想着和胡兰成一起过着男欢女爱的生活。

喜欢一个人,便不会在乎众人的非议。在张爱玲眼里,臭名远扬和文化汉奸这样的称谓,她也毫无惧色,丝毫不顾及那些众说纷纭的流言蜚语。就在那一刻,双方都相信了眼下这样的诚恳。

"只要你能懂我,就足够了,至于别的根本不需要去考虑。"这句话分明就是一剂春药,让单纯的她不顾一切,凭借内心的无比冲动,在

## 第四章　相看两不厌

浪漫的求婚中坚定地点头应诺，就像是武林高手在过招，几乎都是招招致敌，异常凌厉，甚至让人无法招架。

似乎弹指一挥间的工夫，一个人就对另一个人俯首称臣，速度之快令人出乎意料。等到婚礼那天下午，姑姑才算从懵懂中逐渐明白过来。纵然她愤怒也已无济于事，只能眼睁睁看着生米煮成了熟饭。外屋正热闹着，而这位可怜的亲人却孤零零地自怨自艾，悔恨自己没有看清这个复杂多变的世界。天渐渐黑了下来，眼泪更是顺着脸颊流下来。

这个世界上有一个人是永远在等你的，不管是在什么时候。

于是，1944年的8月便被历史牢牢定格。在好友炎樱的见证下，38岁的胡兰成与24岁的张爱玲结合到了一起。虽说彼此年龄悬殊，胡兰成又是五个孩子的父亲，可看上去也算是般配，至少他们在灵魂深处心心相印。

婚礼并没有大肆张扬，十分低调地选在了张爱玲居住的爱丁顿公寓。胡兰成此时也刚刚登报与妻子离婚，还没有来得及准备就步入了婚礼现场。婚礼现场十分简单，屋里只比平时多了几个人而已。从认识到结合只不过8个月，性格直率的张爱玲因内心涌动的无限爱意，因精神世界的无限迷醉，心甘情愿地面对和接受人生中这一重要时刻，只因眼前这个男人让她动了心。在这个战乱的岁月，每个人都在为生计奔忙，所有无奈都是为了满足内心的需求。他们的结合似乎理所当然，这场类似过家家的婚礼，为这平淡的生活添了几分难得的情趣。

在司仪的指挥下,这两人的婚礼开始了。到处都是活色生香的景象,很容易让人忘掉世间纷乱,影影绰绰的花烛下,良辰美景便是这番模样吧。爱情对张爱玲来说就像一张白纸,她的所有美好更多是脑海深处的臆想,是带着羞涩神情下的腼腆。情感面前,胡兰成已经忘记了一切,也根本不在乎外人的眼光。无比丰富的人生阅历,支配着他的追求,也让他在人情世故方面越发现实起来。他的人生阅历足以洞穿张爱玲紧紧包裹着的硬壳,尤其是在胡兰成如父爱般浓情的作用下,张爱玲少女时代的生活正式结束了。

　　一切都是如此顺其自然。

　　胡兰成看过去永远都是一副文人的儒雅形象,长衫下却有着不为人知的热情和放荡不羁,虽然有着一丝民国时代的暮气,而举手投足间却也弥漫着独特的男性魅力,让人实在无力抵抗。恋爱中的张爱玲就像是一株含苞待放的花朵,期望着雨露,期望着阳光,期望着呵护,也期望着在尘埃中自由绽放。

　　人生千灯万盏,不如心灯一盏。一个是热忱无畏,一个是技高一筹,甜蜜浪漫的诱惑下,撩动着的是对方跳动不已的心。生活就是这样充满机缘,又让人心生留恋。张爱玲笔下对爱情的表达犀利准确,字字精到,细细品味方有不同。范柳原曾对白流苏说:"你是医我的药。"一个"药"字何其微妙,竟然将所有无法说出口的问题,都说得那么含蓄明了;再如乔琪乔对葛薇龙说:"他是眼中钉——这颗钉再没希望拔

## 第四章 相看两不厌

出来了，留着做个纪念吧！"这里的一个"钉"字，若是换了其他词语，又如何能够传达出彼此交谈的那种意会之言。

作为好朋友的炎樱，一直默默地守护在张爱玲身边。被人群包围着的胡兰成，头上戴着簇新的礼帽，身着青色的长衣马褂，肩上还斜斜地披着大红的绸布。柔软的红色褶皱，映着他脸上的喜庆气象。

炎樱端着一个茶盘，盘内置有一封大红婚书，一对新人在上面写下了：胡兰成张爱玲签订终身，结为夫妻。愿使岁月静好，现世安稳。前面两句为张爱玲所撰，后面两句为胡兰成所题。一切都顺其自然地进行着，窗外是灯火照耀的黄浦江，一个美好的夜晚就这样开始了。

月儿弯弯照九州，几家欢乐几家愁。
几家夫妇同罗帐，几个飘零在外头？

不知胡兰成的妻儿做何感想，他不假思索地在报刊上刊发了两条消息，篇幅不大，却在上海滩引起了极大轰动，也成了人们茶余饭后的谈资。一条是与旧爱全慧文、应英娣解除婚约，再不来往。一条是与新欢张爱玲永结同心、不离不弃。这样的举动胜似山盟海誓，也让张爱玲心中的忧虑落了地，同时也有着一丝不安。在《小团圆》中张爱玲写道：

"她把报纸向一只镜面乌漆树根矮几上一丢，在沙发椅上坐下来，虽然带着笑，脸色很凄楚。"

姑姑张茂渊作为张爱玲最为亲近的长辈，坚决反对缔结这门婚姻，她见惯了太多人世浮沉，对胡兰成深有成见，她何尝不明白胡兰成的伎俩，一个能毫不犹豫舍弃妻儿的人，他的爱情定然不会长久，自然也不会明白爱情的意义。她为侄女的事情操碎了心，然而面对张爱玲的选择，内心颇感无奈。她把自己关在屋里，婉言拒绝了张爱玲的婚礼邀请。窗外灯火辉煌，她始终看不明白张爱玲到底在追寻什么。

关起门来可以苟且偷安，可以营造现世安稳，可以自我欺骗。但是时常飞过的战机轰鸣，人心的无比浮华，处处都有着无法挥去的迟暮之气和苍凉之感。这个时候，大多数人都是在装着沉睡，用奢华的生活麻醉着自己的精神世界。即便是不落俗套的张爱玲，她已经穷尽其想象，享受与胡兰成携手后的幸福归宿。遇到了彼此喜欢的人，就像是遭遇了生命的震动，只有关爱的心在不断地吸引着、靠近着、热烈着。

姑姑最终没有出现在现场，这似乎并不影响婚礼的正常进行。当这对相爱的人用心写下"愿使岁月静好，现世安稳"这行字时，相信他们一定是幸福的。掌声不时传入张茂渊耳中，所有因此而起的反感、不解和虚无都扑面而来，让她喘不过气来。那一刻，她不知道外面的喧闹是为了完成这场婚礼，还是想在相互满足中披上合法的名分。除她之外，没有一个人去考虑婚姻的结局，也没有一个人会把这场婚姻当作洪水猛兽。好多年以后，张爱玲笔下出现的那些爱情男女，大多都是在无比的欢喜之后却未曾实现圆满的结局。

牵起一个人的手，就牵起了一个世界。这次牵手，注定着她需要用一世清白来换取这眼前的陶醉。一切像是美丽的肥皂泡，闪烁着美丽的光泽，只是谁都不愿去关注那破碎后的一地水花。现在的张爱玲铆足了劲扬帆起航，全力朝着梦想加速，也不愿去追问任何世事，完全享受着"我永远和你在一起，我们一生一世都别分离"的话，沉浸在"生与死与离别，都是大事，不由我们支配的。比起外界的力量，我们人是多么小，多么小"的人生理论，简直就是天籁般的感觉。

因为懂得，所以慈悲。

婚礼到很晚才算告一段落，姑姑也是伤心了很久才睡去。这场乱世里的姻缘，让压抑的精神狂欢，就仿佛满树妖艳高冷的曼陀罗，以无比纷乱的姿势在风中招摇着、迷惑着。一切似乎只是转瞬之间，短暂而又欢快的婚礼顿时让张爱玲成熟了许多，就连身上的旗袍也格外地有着韵味，惊艳着在场的每一个人。

一年好景君须记，正是橙黄橘绿时。在这样的季节里，一切都很美好，但大家更关注着才子佳人的萍水相逢、天长地久的倾城之恋。他俩卿卿我我地谈笑着枕梦安好的享乐，哪里又会有心思去关注人世间的柴米油盐。

安静的寓所风轻云淡，世事安详。而窗外正是一个家国沦陷、民不聊生的境况，深陷爱情的新婚之人，正在享受着甜蜜的温柔，哪有心情顾及这些。从他们相识之日起，浪漫就是深埋在心底的温暖，惊喜就是

## 第四章 相看两不厌

从心底泛起的波澜，现在的紧紧依偎，只想让张爱玲就这样尽情享受着美好，将暖暖的幸福变成欢快的笑声。

心与心碰撞的感觉胜过缘分，身体与身体的碰撞就是拥有。细细回味这生命里的奇迹，像是不经意间的回眸，像是溢满在心间的思绪，像是飘逸缠绵的默契，像是迷离神情中说不出的惊喜。

灯光无语却不失美妙，静默地散发着轻柔的光，顺着这清浅的时光看过去，这处温柔之地便有了不同的感觉，更像是充满着爱的原浆。胡兰成斜斜地倚靠在床榻边，还在回味着刚才婚礼的情景，嘴角露出了会心的笑容。张爱玲手脚麻利地收拾着屋子，尽量让各样什物都有序放置。看着眼前来来回回穿梭的身影，他突然想把自己的爱全部给予她，每个男人遇到可爱的女人，都会心甘情愿为她挡风遮雨，为她付出所有，即使是忘记全世界。

一见钟情的相识，是千百年修行换来的缠绵。虽不敢说是倾国倾城的容貌，但尘间市井的芳华却也有着羞花闭月的气质。他只想把心上人看个透彻、读个明白，然后用心中的柔软去细心呵护、去纵容、去赞美，把心底的无限渴望都幻化成人间最美的四月天。

时光缓慢地流淌着，不时地轻触着心中的柔软。悠扬清丽的曲调中，犹如春风拂面的张爱玲悠然自醉着，曾几何时她不断延展着自己的梦想，在万紫千红的春光中等待着有人来理解、有人来欣赏、有人来爱慕，现在这一切都在绽放中实现了，在时光的深处不着痕迹。

这一切都带着某种熟悉,像是守候,像是花开,带着最为温暖的感动。熟谙女性的胡兰成有些把持不住,他睁开眼站起身来,轻轻地走到她的身后抱住她。只是张爱玲出乎意料地没有发出惊叫,那种格外的安静中反而生出一份喜悦,裹挟着诗情画意的脉脉深情。

张爱玲不是一处风景,也非一段情谊,而是个爱起来很决绝的人。她完全就像春天里饱受滋润的植物,每天都在温情中心甘情愿地拔着节、抽着枝,如胶似漆的快感已经让她忘记了经年往事,有的只是眷念、不舍、呼唤。没有什么人能阻止这份回味绵长的爱意,即便是偶尔安静下来,张爱玲也不愿去想以往的漠然、冷静和惶恐不安,以及接下来要面对的日常生活。

人生的风景,其实就是心灵的风景。在一个雷电交加的夜晚,两人刚从电影院回来,一番简单换洗后便相拥在灯下读书,真是寸寸温馨醉心醉人,倾听着轻微的喘息声,侧目凝视到的却是按捺不住的心跳,他的眼前开出了一朵灿烂无比的花,顿时就有了暗香飘绕。

一次,还是在这样的景况下,胡兰成忍不住轻轻去抚摸她那张娇柔的脸,情到深处便不由自主地说道:"你的脸好大,像平原缅邈,山河浩荡。"甚至眼前还陶醉地幻化出圆月,皎洁晶莹地悬在夜空中。

本是言不由衷的话,结果张爱玲听后却哭笑不得,天生爱美的她真不知道说些什么才好。只是彼此都处于如胶似漆的甜蜜中,听了这些后也只是随意地一笑了之。

## 第四章 相看两不厌

"像平原是大而平坦,这样的脸好不怕人。"

这些话分明就是在为他找台阶下,在自我解嘲中避免双方尴尬。又过了片刻工夫,细心的她还是为缓解气氛,又搬出"天然妙目,正大仙容"的话语来。这是《水浒传》中宋江见玄女的桥断,话一出口就让人觉着知识渊博,一时间竟让胡兰成折服不已。以往出口成章的他找不到了,语塞中更多是语无伦次,根本不知道如何去夸赞眼前这位才貌双全的张爱玲,只能是不自在地说些绣花鞋做工精巧,文字不落俗套。就连不经意中见到她端茶倒水,也是赶紧地说是弱柳扶风般美不胜收。

不成串的赞誉,直接把张爱玲听得云里雾里,脸上始终流露着甜甜的笑容。也正是如此,她也情愿把自己委身于尘埃之中。从此以后,她把世界里的温馨都一字一句写入文字当中,例如看到胡兰成读书时的身影,也会不由自主地写下:"他一人坐在沙发上,房里有金粉金沙深埋的宁静,外面风雨淋漓,漫山遍野都是今天。"情感在慢慢地酝酿着,火一样地燃烧着,让恋爱的味道越发浓郁起来。这时她也会亲昵地挤过去,调皮地玩弄他的眉毛,然后就和小孩子一样说:"这是你的眉毛。"手移到了眼睛上又说:"这是你的眼睛。"手到处游走着,摸到嘴唇上端时便又说:"你的嘴,你嘴角这里的涡我喜欢。"几乎是不近情理的举动,处处都有着小孩子般说不尽的天真,既让人开怀放松,又从中感受到太多的乐趣。至少从此不用再去在乎天气的变化,而是可以在风轻云淡中慢慢老去。

## 情缘难测

时间很快就到了1944年的11月。

日本的冬季即将来临，四处的秋霜也已经非常浓重，那些花繁叶茂的景色全然不见，气温一天天朝低处滑落。西北季风很快呼啸而来，零零散散的云朵很快就聚集在一起，低沉得像要落雪。这段时间以来，汪伪集团负责人汪精卫一直躺在病床上，状态一天不如一天，奄奄一息的神情预示着他已经病入膏肓。身边的人都在忙乱着，为了能够让他早些恢复健康，然而大家的好意终是回天乏力，他还是没有挨过当月10号。

这些流浪海外的追随者们经过一番计划，很快将汪精卫的遗体辗转运回到南京，紧接着就讨论如何安葬的问题，每个环节都十分周到。作为心腹的胡兰成自然也在其中，他却忧心如焚。当年，因为汪精卫的发现和重用，胡兰成才在窘迫中翻了身，没想到这位伯乐走得如此匆忙，

## 第四章 相看两不厌

让他顿时不知该何去何从。恍然之间，只觉世事安稳是如此之好。

此前，他全然沉醉在爱情的海洋中，哪里有心思去考虑工作。每日里，只是感受着与张爱玲的亲密无间，就连张爱玲叫他"兰成"时也带着诱惑的亲柔，作为一位习惯风月场的老手，竟然都出人意料地红了脸，长时间内竟不知如何作答。大概爱情的真实与幸福就是这样吧？经营婚姻这么久的胡兰成，现在才算明白了每个人的爱情都千差万别，张爱玲小女孩般自得的性情在婚姻中也自有一种不同他人的美态。

有时候，张爱玲将嘴不远不近地贴在胡兰成的耳边，刚柔并济地要他开口叫"爱玲"，本来就红着张关公脸，结果更是难为情地开不了口，越是这样作难，到最后脸色都变成酱紫色，仿佛成熟待摘的茄子。即便这样还是无法过关，想办法也是推托不了。

看到这样的情形，爱玲心里自然乐开了花，想笑却又怕坏了气氛，便强忍着非要他叫过不可，等着好不容易开了口，已经浑身湿透。所有的尴尬和不适都被她看在眼里，立即就有了征服的满足和快感。真正的爱情不就是这样吗？

张爱玲平日里话虽不多，但她就是喜欢做这些调情的事情，让胡兰成不知如何才好。有天下午天色晴好，胡兰成陪着张爱玲出门。张爱玲本来已经收拾完毕，可她还是站在镜子前面挪不动脚步。他就站在一旁满足地看，连眼睛也不眨一下，生怕错过了任何的细节。镜子中的张爱玲秀发蓬松，浅淡的红唇似隐似现，桃红色的旗袍秀出玲珑的曲线，分明胜过了画报上的风情人物。这时张爱玲又踮着脚转了几圈，身体轻盈，仿佛穿梭在花丛中的蝴蝶。她的美，在古典的装扮更显得下姣花照水。她"蹬蹬"的步伐轻快，在白墙青石的小巷中回荡，淡淡的油纸伞从远处慢慢走了过来，身姿柔软又袅娜，像是从天际撒向人间的花瓣，各种色泽交织在一起，渲染出了不同寻常的意境。再细听那声音，仿佛在吟诵世间最唯美的唐诗宋词，逐字逐句中都有着爱的真谛，一步一攀中都飘着丁香的幽然。胡兰成在那一刻又迷乱起来，纵然有千万种语言，也无法表达出眼前的这种美来。

见到他这般情形，张爱玲很快露出了会心的笑容。等到他们散步回来，胡兰成好似仍未从之前的想象中回过神来，他越发琢磨不透眼前这个让人欲罢不能的可人儿了。

汪精卫病逝后，胡兰成赋闲家中无事可做，茶余饭后会说起曾经的辉煌往事，也会在人前大讲社会局势的发展。政治在他心中的地位高高在上，因为其与自己的命运紧密相连。张爱玲还和以往一样读书写作。当然她心里很清楚胡兰成此时的落魄处境，但心中想的更多的却是二人独处的时间和这方小小天地，至于日本由强渐弱的形势对他们的影响，她顾不了那么多。

胡兰成内心压抑不堪，一方面不希望日本军队如此败北离去，另一方面又重操旧业积极在报刊上撰文鼓吹日本撤兵的意义，以便将来能谋条生路。尽管婚后生活也无比惬意，但压抑的心情却无法言说，两鬓

第四章 相看两不厌

华发渐生，似乎一下苍老了许多。有次晚饭后，他们沿着江边散步，金黄的阳光铺洒在水面上、建筑物上，以及彼此的身上，光影变幻出无比神奇的色彩，好似一个童话世界。而这般夕阳西下的情景突然让他们停下脚步，悲从中来。胡兰成手扶栏杆心怀忧愁，轻轻地吟出了"来日大难，口燥唇干；今日相乐，皆当喜欢"的句子。看得出来，这苍白文字下掩藏的是满怀惆怅。

张爱玲知道这句子出自《汉乐府》，望了望江面上的夕阳，心领神会地说："这口燥唇干好像是你对他们说了又说，他们总是不明白，叫我真是心疼你。"胡兰成无语，她又接着说，"你这个人哪，我恨不得把你包起，像个香袋儿，密密的针缝好，放在衣箱藏了好。"话虽是这样说，但她未必就是不懂时局，不了解他的种种心事，只是想心无旁骛地经营爱情，不让任何人事影响心情。

胡兰成欠了欠身，随后又陷入长久的沉默中。张爱玲看着他的沉默忧伤，一时也不知道说什么才好，满地的落叶在飞舞，夕阳也让她感到无比凄凉。还不待张爱玲回过神来，他却开口说话了。"如果那一天来临，我必能逃得过，唯头两年要改名换姓，将来与你虽隔了银河也必定找得见。"这句话让所有的美好都遗落在了岁月的风尘中，竟让张爱玲不知如何是好。这时的胡兰成伸手去牵她，她也趁势靠在了对方怀里。夕阳在红霞的涂抹中渐然消失，而剪影下相依相靠的背影，正在时光中慢慢地被铭刻成为记忆。这一切都好似上天注定，让慌乱时局中的短暂幸福很快化为云烟。

"那时你变姓名,可叫张牵,又或叫张招,天涯海角有我在牵你招你……"寥寥数语,让张爱玲想要落下泪来。

若无相欠,怎会相见?如此看来,分离只是早晚的事。眼前的幸福不知会何去何从,张爱玲的心里也生出一种苍凉之感。改变不了时局,只能顺应其中,珍惜在一起的每分每秒。

日本的战局果如胡兰成所预料的一样,开始惨淡,汪伪政府很快安排胡兰成去了武汉接手《大楚报》,这样一来要舍弃爱妻两地分居,这让他喜忧参半。因重新有了用武之地,他多日愁云笼罩的脸上也有了一丝喜悦之色,张爱玲见此状也顾不得多想,只劝慰他做好自己的事情。于她而言,能够过好眼前就足矣。眼下默默的相守,或许才是幸福的真谛。分别前的那段时日,张爱玲完全为这样的幸福付出着,单纯的她以为这些事情很快就会过去,而她期待的是长久相依。就像她自己认为的一样,"用别人的钱,即使是父母的遗产,也不如用自己赚来的钱自由自在,良心上非常痛快。可是用丈夫的钱,如果爱他的话,那却是一种快乐,愿意想自己是吃他的饭、穿他的衣服。"

这大概才是爱的内涵和要义。

胡兰成去了武汉以后,张爱玲虽独守闺房,但每日心有牵挂,有时倚窗思念,有时写信传情。此时,胡兰成身处汉口,以往的繁华之貌已被炸得满目疮痍,硝烟弥漫,疲惫的人们匆忙逃命。生活在这座城市里

## 第四章 相看两不厌

的人,从最开始认为空袭只是演习,到后来慢慢接受了这个血淋淋的现实,慢慢又司空见惯了这些,似乎人间的生死也被看淡了。胡兰成却不会适应这些,任何爆炸声响都会让他方寸大乱,一种朝不保夕的恐慌感涌上心头,刺激着他必须要为生存和以后做打算,所以他开始着手准备建立一所军事学校,以寻找出路。

报社和住的地方隔着一条江,胡兰成每天要来来回回地乘船,可江上也是危机四伏,不时有战机俯冲着投下炸弹,有时会有炸弹在身边不远处炸开,在水面上形成数十米高的水柱,水花翻腾四处溅射,江面上的船也东摇西晃。船上的人最痛苦,即使庆幸躲过了劫难,也早已吓得不知所措。

如此艰难的环境下,胡兰成为工作也是想尽了办法,但兵荒马乱之下,《大楚报》依旧不见起色。满城的人都在急于奔命,谁还会有心思去读书看报?无奈之下,只能将这些烦心事说给张爱玲听,俩人在书信中想了不少办法,最终决定将报纸改为文学刊物。

一番竭尽全力的设计和策划后,新出版的《苦竹》杂志在纷乱中问世了,或许文学期刊少了之前那些政治话题的敏感空无,一时间倒也赢得了不少读者的青睐。张爱玲这时更是以患难之妻的形象出现,写出了《谈音乐》《自己的文章》等一系列备受关注的作品,只为帮胡兰成渡过困难期。

耳目一新的版面设计,饶有兴趣的文字,让这本杂志很快在汉口成为一种精神慰藉。正当张爱玲以图大展身手之际，胡兰成却又自作主张，再次将眼光转向了他最喜欢投机的政治。等开始第三期《苦竹》编撰时，文风又成了空泛无趣的时政报道，张爱玲也只能望刊兴叹。心中所想也一再压抑，在信中只能说些无伤大雅之事。也好在有张爱玲的问候牵挂，让工作生活皆不顺意的胡兰成感受到了些许希望。

《大楚报》的员工寓所旁，是汉阳医院的单身宿舍，每天都有一群群光鲜的小护士出入往来，与散乱的城市景象相比，这里似乎就是没有战争的世外桃源。

虽然都住在一个院子里，彼此间少有交流，小护士们后来得知他竟然是大名鼎鼎的胡兰成，不时会过来帮忙打扫卫生、晾晒被褥，做些力所能及的事情。在胡兰成的眼里，一位叫周训德的小护士引起了他的注意，他后来就叫她小周，小周长相比较清秀，先前读过一些诗书，说起话来羞赧中带着灵气，也不时过来帮忙。时日一久，胡兰成偶尔也会说说话以示谢意。虽说她的才学及为人全然不及张爱玲，但至少能在慌乱时局中给予些安慰。

除了主动帮忙外，小周有时也会请求胡兰成教授一些对诗的技巧。拗不过这丫头的请求，胡兰成总算是点头同意。这样一来，小周不但顺理成章地来洗衣煮饭，还会帮忙誊写诗文。

张爱玲不在身边的这些日子，风流成性的胡兰成耐不住各种寂寞，加上小周每日的崇敬示好，让他亦是心魂不宁。于是他也借此机会邀请

## 第四章 相看两不厌

她吃饭以感谢平日照料,又一起对诗填词,并以探讨诗词为由邀其一起散步。再接着,就直接表达了爱意。对于涉世未深的小周来说,面对这份爱意,内心恐惧却也半含着惊喜,她自知胡兰成比自己足足大22岁,而且想必他已早有妻室,因母亲已为妾身,告诫她再不可为妾。但是面对眼前这个男人的甜言蜜语和万般宠爱,她以为自己撞见了爱情,便不顾一切地深陷这般柔情蜜意当中,试问对于一个情窦初开的少女来说,有谁能抵挡得住这般温柔诱惑?坠入爱河的小周变化分明,工作时安分守己,见到胡兰成时却会变得娇滴如水,甘心坠入他精心织就的情网中如痴如醉。这时的胡兰成也变得神采飞扬,没有时间去想张爱玲的好,也不在乎周围人的流言蜚语,小周也傻傻地将交往之事在同事间炫耀。从开始的满不在乎,到无所谓旁人的眼光与说辞,最后开始成双入对,毫无顾忌地在炮火轰鸣下开始了同居。

《大楚报》的副社长沈启无看到这些事情后十分愤慨,思虑再三后,他私下找到小周好言规劝,并语重心长地告知对方有家有室,这样下去不但要毁了自己清白,还会拆散别人的家庭。正处于热恋的小周,突然被人泼了一盆冷水,心里自然不是滋味,同时也感到一丝惊恐。为了尽快平息事态,她只好表面上予以答应,实际上却更留恋起这种温软的生活。

胡兰成白天上班,晚上和小周喝着小酒卿卿我我,生活自是颇具趣味。有一天下班回来,小周拿着一张精心挑选的照片来找他,想到胡兰成平日里对自己的种种关爱，还特意在照片后题了诗："春江水沈沈，上有双竹林。竹叶坏水色，郎亦坏人心。"反反复复读了几遍，只觉脸上有些发烫，但她还是用丝帕精心包着送了过来。

胡兰成见到照片时已有些意外，这首本该妻子写给丈夫的情诗分明就是定情信物。胡兰成细细端详着照片，然后又满脸含笑地看着她一一点评，说她有着凝乳的皮肤，精致的脸型，又生就一双似喜非喜含情目，尤其是俏美的嘴，更是张扬着女性的优雅。别说涉世未深的小周受不了，即便是高贵风雅的张爱玲也会同样按捺不住。一席话语，更是让小周妙容娇羞，恨不得当下就委身于这赫赫有名的人物。

他们水到渠成地过起了男欢女爱的日子，"吾来问道无余说，云在青天水在瓶"。一阵猛烈的暴风骤雨结束后，胡兰成在惬意的闲聊中听到副社长寻访小周之事，顿时就心有不满。若不是天色已晚，他恨不得当下就去讨个说法。

胡兰成是个想到便会做到的人，第二天刚到办公室还顾不得休息就冲到沈启无的办公室，劈头盖脸地训斥起来。

"沈大社长，不知道你对小周说了些什么话，给人感觉太过于卑鄙。"沈启无没想到自己的好心劝慰会惹来这样的麻烦，面对这蛮不讲理的人，他最终只能选择离去以息事宁人。如果不是眼看着小周逐渐步入悬崖，如果不是出于对张爱玲的崇敬，他才懒得去说这些事情。道不同，不相为谋。现在已彼此反目，这处梁园也便没什么好留恋的了。

## 第四章 相看两不厌

过了很久,张爱玲才听说此事,当然全是胡兰成的片面之词。他把对方丑化得不堪入目,甚至把事情都强加到沈启无身上。这些爆料让张爱玲听得是心惊胆战,但她永远也不会知晓这些内幕。在《小团圆》中,她还特意写了这段所谓的笑谈。"报社正副社长为了小康小姐吃醋,闹得副社长辞职走了。"因着远距离的思念,张爱玲内心的爱意越发浓郁,以至于在爱情中迷失,只是一味地深爱着。而在汉口的胡兰成变化却十分明显,不但回家次数越来越少,连书信也开始应付了事。时日匆匆,行乐须及时。他情愿把更多的精力沉溺于情爱中,而这些所谓的秘密也以文字形式写在了《今生今世》中。

"后来事隔多日,我问训德:'你因何就与我好起来了?'她答没有因何。我必要她说,她想了想道:'因为与你朝夕相见。'我从报馆回医院,无事就去护士小姐们的房里,她们亦来我房里。我在人前只能不是个霸占的存在,没有野性,没有性的魅力。那种刻激不安,彼此可以无嫌猜。我不喜见忧国忧时的志士,宁可听听她们的谈话,看着她们的行事。战时医院设备不周,护士的待遇十分微薄,她们却没有贫寒相,仍对现世这样地珍惜,各人的环境心事都恩深义重,而又洒然如山边溪边的春花秋花,纷纷自开落。"

无论如何,小周的阅历总归有限,在这个故作深沉的男人面前,她无疑是卑微的,更多的还是窃喜。她内心的喜悦都变成了无比的乖顺。她常以为自己掉到了幸福的漩涡,常常是喜不自胜,就连她母亲得知女儿与一位大人物的接触后，也不时叮嘱女儿要一心一意照顾好胡兰成。

懵懂的小周就这样不明就里地成了他的附庸，甘愿付出自己的所有。胡兰成在《今生今世》中这样写道："她的做事即是做人，她虽穿一件布衣，亦洗得比别人的洁白，烧一碗菜，亦捧来时端端正正。她闲了来我房里，我教她唐诗，她帮我抄文章。她看人世皆是繁华正经的，对个人她都敬重，且知道人家都是喜欢她的。有时我与她出去走走，江边人家因接生都认得她，她一路叫应问讯，声音的华丽只觉一片艳阳。她的人就像江边新湿的沙滩，踏一脚都印得出水来。"

眼前的一切都是新鲜的，让小周感觉如春风拂过。这样的状态也深深地感染着胡兰成的情绪，他也是陷入其中难以自拔。随着情感上的孽花不断怒放，胡兰成对工作上的事情也少了许多埋怨，每天乐悠悠地陶醉在小周营造的温柔乡中。

张爱玲最近心情也不错，先是小说《倾城之恋》被隆重地搬上了舞台，接着又有人来商议开拍电影事宜。虽然这些事情让人备感开心，可她的心思都在胡兰成身上。这个男人给她牵挂，让她的生活多了情趣。虽然这时也听到些外界的风言风语，可她始终没有起过疑心，张爱玲太相信自己的爱情了，何况一个不谙世事的少女与胡兰成之间的小打小闹不过是表面的崇拜而已，能有什么比自己和胡兰成之间的感情更刻骨铭心的呢？在她看来，这一世他们注定会不离不弃。

时间很快，似乎还没有从这样的幸福中回过神来，年关已到。为了

## 第四章 相看两不厌

过好这个年，张爱玲费尽心思张罗着一切，就等着胡兰成从汉口回来。春节的鞭炮已此起彼伏地响了起来，胡兰成却以工作太忙为由，选择留在四处都是爆炸声的汉口。张爱玲一面在心底默默祝福着、牵挂着，一面也觉得曾经耳鬓厮磨的日子如此遥远。

张爱玲对发生在遥远的汉口的事情不得而知，只能独自伤神，内心空落落的。而这个除夕之夜，胡兰成和小周倒是一派浓情蜜意。也许只有胡兰成清楚地知道，并非工作繁忙，而是舍不得眼前这一处温柔乡。此时的小周仿佛花丛中飞舞的蝴蝶，仿佛画阑凭晓的初雪，远远看去犹如墨染青衫，让他无法自拔。只薄幸眼前人的他在这样的境况下，也许早已忘了风情万种的张爱玲，如同他很快就忘记英娣一样。

过年是热闹的，张爱玲一个人望着窗外的烟花发呆。在汉口的公寓中，胡兰成无视外界的热闹，只是贪恋地抱着小周亲吻，好像永远不想撒手一样。"昨夜西风凋碧树，独上高楼，望尽天涯路。"此时此刻的他很满足，心中虽然也有着惆怅，但很快就随着烟花渐然散去。

## 长恨无期

　　无论什么样的爱情,只要沉溺其中就会变得偏执。原本安分守己的小周,也开始纠结起来,让她爱并痛着。"今生无理的情缘,只可说是前世一劫,而将来聚散,人世的事又如天道幽微难言。"每每读到这样的词句,她就会不由自主地陷入无尽的思索。自从相爱以来,小周越来越觉着自己的爱如此卑微,既担心爱会戛然而止,又时刻惧怕他的声名,只能这样没名没分地在一起。她的内心有着无法言说的无奈,那是悲悯中挟裹着的苍凉。不忍想象梦醒时分,自己该何去何从。她只是盲目地爱着,和胡兰成亲昵地在一起,不论携手散步,还是依偎着看电影,他们像初恋般低眉回首,让人羡慕不已。好像只有这些具体而微的时刻,幸福才如此真实,爱情也在混乱的时局中绽放出曼妙的花朵,不去想他日不可避免的离别。

　　随着接触的深入,胡兰成竟可以以平常心态出入周家,当着小周父

## 第四章 相看两不厌

母的面大言不惭地谈婚姻、说生活,好像自己早晚都要成为这家的乘龙快婿。越说也越发入戏,周家父母信以为真,开始不明就里地催促他们早些结婚。这时候,胡兰成的寥寥数语让他们感到无地自容。

"我因为与爱玲亦且尚未举行仪式,与小周不可越先。"这些话本就是明显的推辞,在两位老人面前却成了正人君子,老人竟也被这种真诚感动。小周平日就性格懦弱,不愿为难心爱的人,总会站出来打圆场,尴尬的局面虽然化解了,但随着时间的不断推移,想要嫁人的憧憬就成了遥远的梦想。况且他们之间恍若飘絮流云,聚散不由人,再有不舍,也终有一别。

过完年没多久,春暖花开时节,大概是1945年3月份,胡兰成辞别小周回到了上海。

张爱玲喜出望外,内心更是乐开了花。小别胜新婚不无道理,再次见面他们一如既往地温柔缱绻,好似中间漫长的离别不曾发生。胡兰成暂时忘记了小周的好,又重新被张爱玲的魅力激荡得神魂颠倒。现在想想,胡兰成定是个自负的男人,一番温存之后毫无顾忌地将自己同小周的事都讲了出来。听到这些,张爱玲开始还以为是玩笑,后来才知皆是实情。她的爱太深,为了爱可以"糊涂得不知嫉妒",张爱玲选择了接受。"男子憧憬着一个女人的身体的时候,就关心到她的灵魂,自己骗自己说是爱上了她的灵魂。唯有占领她的身体之后,他才能急匆匆忘记她的灵魂,也许这是唯一解脱的方法。"她是如此懂得男人,所以忘情

## 第四章 相看两不厌

地为他的过错开脱，而内心的伤痛却不由分说。

偏偏这样的示好，换不来爱人的回报，却让原本仓促的婚姻更加烦乱起来，这些都因为胡兰成又开始惦记起周训德。无奈之际，张爱玲只能想办法来刺激胡兰成。有次看戏回来的路上，正说笑着的张爱玲突然没有了声音，饱含真情地看着他不说话。

"你怎么了？"

张爱玲依然不语，任他丈二和尚摸不着头脑。他又继续发问，张爱玲这才慢悠悠地说："姑姑给我介绍了一位外国朋友，接触没几次就要发生关系，若两人好了，每月能给些钱来补贴家用。姑侄俩没什么祖产可租卖些日常费用，只靠职业怕早晚要入不敷出了。"胡兰成听了勃然大怒，当下拽住张爱玲就要去找姑姑。

张爱玲默不作声，一个看似不经意的小手段，似乎为自己内心的不平翻了案，也好似卑微地证明了爱情。张爱玲内心虽觉低微，仍忍不住面露喜色。但这点喜悦也稍纵即逝，难道爱情要靠着这一点虚空的伎俩来明证吗？内心不觉悲戚。骄傲的她从来没有想到自己的婚姻是如此迷乱。她渴望完美的爱情，却在胡兰成毫无顾忌的轻浮孟浪行径中身心俱疲，曾经的甜蜜如今却酿成了这般不堪的爱情苦果。

和好朋友炎樱的几次聊天中，张爱玲都谈论到一个话题，那就是男人的多妻思想。"理论上甚至可以赞成多妻主义，只是心理上无法接受的。"听到此话，炎樱一时不知如何作答。

"如果另外的一个女人是你完全看不起的，那也是我们的自尊心所不能接受。结果也许你不得不努力地发现她里面的一些好处，使得你自己喜欢她。是有那样的心理的。当然，喜欢了以后，只会更敌视。"不堪一击的爱情无疑让张爱玲崩溃了，在阿Q式的自我安慰下，她也不知道该是退让还是坚守，只要站在这个男人面前，她就好似丧失了自我。

同年五月，胡兰成离开上海，回到了武汉。此时的他只想见到楚楚可怜的小周，毫不在乎外界时局的动荡。

时下国内形势云波诡谲，八方风雨变幻不安。沉醉于温香软玉中的胡兰成依然我行我素，对外界关于他的各种言论也充耳不闻，可因此带来的伤害首当其冲就落在了张爱玲头上。从来不关心政治的张爱玲，在这样的冲击下不啻被迎面捅了一刀。先是上海大时代出版社出版了《女汉奸史》，张爱玲的大名赫然在内，与其同列的还有佘爱珍、川岛芳子之流。她看后内心一惊，仿佛万斤重担压身无法呼吸。接下来的舆论批判更为犀利，几乎所有的媒体都称张爱玲为"大汉奸的小老婆"。

这些舆论攻讦让张爱玲心神不宁，此时胡兰成也顾不及这些。上海滩的气氛变得紧张起来，种种无法言说的恐怖散布其间。一些媒体为博人眼球，甚至炮制出"张爱玲做吉普女郎"的假新闻来。张爱玲内心深知，和胡兰成的婚姻从来不是基于对方的政治地位，只是她发自内心的爱意驱使。

对于没有任何话语权的张爱玲来说，外界各种丑化自己的言论齐刷

## 第四章 相看两不厌

刷砸向她，让她不知所措。汪伪政府阵营也是竭尽心力拉拢她，想借这个机会营造出沦陷区文化繁荣的假象。张爱玲自是不屑，况且在当时的高压环境下，本就不喜与人交际的她，即便汪伪政府中的垣宇大将、熊剑东等高官前来拜访，也会遭到拒绝。随着汪伪政府举办的第三届"大东亚文学者大会"即将召开，各种造势活动更是如火如荼，这时又发生了一件不可思议的事情，即媒体上列出了一长串与会人员名单，其中包含张爱玲。

无意中听说此事，孤傲的张爱玲当下就给组委会发函辟谣："承聘为第三届大东亚文学者大会代表，谨辞。张爱玲谨上。"这样鲜明的举动，实际上就表明了本人的态度，可笑的是她还是被界定为了汉奸。从汉奸老婆到汉奸的称谓，看起来似乎只是两字之差，但在那个纷乱的世界，报刊上的铅字终究让她背负着沉重的包袱。

细细想想，眼前发生的这一切，皆因风流成性的胡兰成而起。

到了这年八月，日本最终作为战败国无条件投降，曾任汪伪政府官员的胡兰成成了汉奸，此时温柔乡中的他才猛然惊醒，他迫切考虑的是如何逃脱国民政府对他的严惩。

出逃之前，汪伪政府第二十九军军长邹平凡找到了胡兰成，对于胡兰成来说，这是绝望之际的救命稻草，也是他借此时机重新实现理想的关键。一番谋划之后，他们选择在武汉宣布独立，意欲凭借这万余兵力对抗重庆政府。奈何大势已去，历史车轮滚滚向前，这场闹剧失败已是定局，持续了十三天的"独立"就这样滑稽地失败了。

为保全性命，内心灰暗的胡兰成退无可退，不得已开始了流亡生涯。临走前，他心情沮丧地回到小周家，吃饭时与她交代："我决意跑路，我不带你走，是不愿意你陪我受苦。此去我要改换姓名，避过几年，我还将出头做事。不出五年，便可用回现在的姓名，那时我必会迎你。我走后舆论污人，你明白就好，不奢求于他人理解……"听完此番话的小周红着眼圈，内心惶恐不安，却也只默默看着，个中滋味难以名状。

临行前胡兰成将十两黄金、吃剩的半袋大米和一些日用品给周家，开始了逃亡的生活。他已自顾不暇，哪里还顾得上张爱玲和小周呢？无可奈何之下他只能扮作日本伤兵，在黑夜里仓皇地离开武汉。

分别的这段往事，胡兰成写在了《今生今世》里，"是日半早晨，训德为我烧榨面干，我小时候出门母亲每烧给我吃，是像粉丝的米面，浇头只用鸡蛋与笋干，却不知汉阳亦有。我必要训德也吃，她哪里吃得下。我道：'你看我不惜别伤离，因为我有这样的自信，我们必定可以重圆。时光也是糊涂物，古人说三载为千秋，我与你相聚只九个月，但好像自从开天辟地时起已有我们两人，不但今世，前生已经相识了。而别后的岁月，则反会觉得昨日今晨还两人在一起，相隔只如我在楼下房里，你在廊下与人说话儿，焉有个嗟阔伤别的。'训德听我这样说，想要答应，却怕一出声就要落泪。"这段声情并茂的往事，不知情的人或

## 第四章 相看两不厌

许会被胡兰成这般细腻的情怀所感动。

或许知道这次大祸临头，在离开武汉逃亡之际，胡兰成化名张嘉仪先顺路到了上海。当张爱玲猛地看到他一脸沧桑时，顿时心软起来。细看时，眉宇间的意气风发也不复存在，脸上写满了无法揣测的心事。张爱玲心知这次见面注定着分离，却也内心欢喜，悲喜交加，悲的是胡兰成当下苟且的处境和必然的离别，喜的则是所爱之人短暂的相互依偎。

大厦将倾，人言也善。虽然心中还不断闪烁着小周的好，看到张爱玲忧郁的面容时还是生出许多心疼，曾经的欢乐犹在眼前，但如今彼此却生出一种时过境迁之感，这番难堪的处境也让两人难免沉默相对，也许对爱的希望和不忍正是从这样的沉默中慢慢松动的。《今生今世》中，胡兰成这样写道："唯对爱玲我稍觉不安，几乎要惭愧，她是平时亦使我惊……我当然是个蛮横无理的人，愈是对爱玲如此。"情感必然的流逝，还有什么执手相悦的欢爱呢？而《小团圆》中，张爱玲当时心境的痛楚也可见一斑。"我临走的时候她一直在哭，她哭也很美的，那时候院子里灯光零乱，人来人往的，她一直躺在床上哭。"人生中的爱恨情仇究竟难以言说，只是没有想到爱竟然会消失得如此之快。

一夜之后，胡兰成就急匆匆地走了。此去经年，往日的甜蜜柔情已渐行渐远，但她仍为前途未卜的胡兰成万分担忧。一夜辗转未眠的张爱玲，想到他们之间的情感纠葛，苍凉之感丛生。面对着人去楼空的景象，张爱玲只能在心底默默祈祷：同住同修，同缘同相，同见同知。

胡兰成离开没多久，当局就开始大肆追捕"汪伪政府"相关人员，公开的汉奸名单上，胡兰成名字赫然在列。这也再次牵连到张爱玲，她每日惶惶不安，担心胡兰成被抓，也恐难保自身。

云层低垂，海面上浪花翻腾。眉头紧锁的胡兰成，倚靠着栏杆沉默不语。他在侄女青芸的丈夫沈启无的陪伴下，打算先到浙江避难。一路流转杭州、绍兴，最后打算到温州。此行温州逃命生死未卜，以往相识的朋友都不愿意收留，只能暂时躲到诸暨的一个村落里避难。

胡兰成年轻时来过这地方，曾在同学斯颂德家中客居一年之久。这里的村落多以合围形式建筑而成，周围全是田野，大风吹过，阵阵"波浪"绵延无际，和着鸟儿的鸣叫和孩子的笑声，让人心生安定之感。行走在乡村的晚风里，庄稼的香气扑面而来，不时撞击着他的心。

此刻故地重返，心境却大不相同。虽然数年间无有来往，他的突然造访还是让斯家人备感意外。一番寒暄后，斯家人知其处境艰难，在斯家小住几日后，便安排斯颂德的庶母范秀美送他去娘家避难。斯家人在他落难时出手相救，也让他心生感动。

范秀美没有推辞，陪着他一路晓行夜宿，竟也少了许多逃亡中的狼狈。范秀美常年居住在乡下，相较胡兰成大两岁左右，却有一种弱柳扶风的娇美气质，让人生出一种保护欲。路上走走停停悠哉悠哉，或情寄于山水，或赋兴于诗画，留下了许多快乐的笑声，想象中的狼狈不堪消失殆尽。路途上的快乐，让颠沛流离的胡兰成感受到了一丝温暖。

## 第四章 相看两不厌

范秀美年幼时被卖到了斯家作小妾,斯家老爷斯豪士看她模样可怜也待其不错,谁想不久老爷却在病中撒手人寰。认识胡兰成时她已守寡多年。没有了老爷的疼爱,生活中她也备受指责,面对这样的落差她只能独守空房,虚度人生。原以为这样的生活会一成不变下去,没想到胡兰成出现了。

胡兰成也没想到自己的出现,会不经意间触动她沉寂许久的心房,让她死水般的寂寞泛起了涟漪,一路相伴中彼此依靠竟产生了感情。两个落魄的人重新体会到人生的美妙,很快在路上就痴缠在了一起。至于那些传统伦理道德,都被他们搁置在了脑后,后来干脆以夫妻之名同居了。

不是真爱又如何,有过一段刻骨铭心的记忆足矣。

这对男女相互依偎着,根本看不出在逃难,反而有着回乡省亲的荣光。生养范秀美的小院已是破败不堪,眼前是丛生的青苔和荒草,断壁残垣中是一片落寞,像极了胡兰成此时的心境。

"寂寞天宝后,园庐但蒿藜。我里百馀家,乱世各东西。"即便如此,两人经过一番收拾也能凑合住下来。安顿好存身之地,胡兰成开始回想自己这半生的命运。温州的日子自然清苦,好在无人搅扰也算安逸。从繁华的都市来到这偏僻的村落,每日活得自在也很知足。"家家门前清流如镜,可洗菜洗衣;吃食海鲜居多,餐餐有炊虾,小菜都是冷的,像是供神;有时去家门口附近大士门的明朝宰相遗址走走;正月十五去海坛山看庙戏；三月三去五马街看拦街福……真的是'岁月静好'，可惜的是与另一个女人。"

从胡兰成离去那刻起，张爱玲的心终日提着，担惊受怕之心日日惊扰，多次从噩梦中惊醒。相思之苦实在难挨，姑姑虽数次劝说却拗不过她，她还是决定要去探看胡兰成。

1946年2月，张爱玲终究按捺不住思念，一路乘车换船到了温州。温州自古是钟灵毓秀之地，张爱玲沉浸于这里的风情之中，想象着曾经来此游历的孟浩然、谢灵运以及甘受清贫教书的朱自清等人，都在这里留下了不朽传唱，同时也不断描绘着与胡兰成相见的场景。可是当他们在城中不期而遇时，她满腹的思绪破灭了，连同内心残存的一点对爱情的期冀也就此破灭。眼见的一切超出了张爱玲的想象，千里寻夫的期望，换来的是人生中最为悲凉的伤痛。

面对风尘仆仆的张爱玲，胡兰成感到非常意外，不但没有感念她一路艰辛，甚至一个拥抱也显得敷衍，倒像个素不相识的陌路行人。

张爱玲何时受过这般不屑的怠慢？转念想到他一路疲于逃命的处境，便摆出一副笑脸来迎合。不料他却当街对她喊道："你来做什么，还不快回去！"

回去，又能回到哪里去呢？自己的心早就交付与他了。只是胡兰成不但无喜反生愠怒的态度实在出乎意料，这是她未曾想到的。想到曾经的一切，沧海桑田恍如一梦，心中压抑的诸多情感，顿时全都化作了两

# 第四章 相看两不厌

行泪水，不知到底是走是留？

张爱玲被安顿在一家小旅馆中，最不可思议的是胡兰成在离去时再三叮嘱，一定要以兄妹相称，否则警察查夜会出问题。

张爱玲也不去想太多，以为是爱人故意在开玩笑，想到这里便有些开心，话也多了起来。"我从诸暨丽水来，路上想着这里是你走过的，及在船上望得见温州城了，想你就在那里，这温州城就像含有珠宝在放光。"一连串的温暖情话，全心全意说给胡兰成听，然而他却不为所动。

# 就此别过

人生无奈皆不由人，曾经口口声声说着山盟海誓，然而到头来却注定劳燕分飞。

张爱玲环顾四周，看着这个简陋的小旅馆，心下悲戚，内心纤细如毫的她早已察觉到了一种礼貌般的疏远。看到眼前这个男人在逃亡中的处境，似乎怕她看出什么，刻意显示出一种风度来，要在她面前不至于太不堪。又转念一想，也许他却不在意，只过得当下的小日子。

一段时日后，张爱玲发现胡兰成每次来看望自己时，范秀美也不时会跟随过来。虽出乎女人的敏感，但她也不愿多想，后来试探性地问过几次，范秀美才含羞说出和胡兰成的"夫妻"关系。心中的隐痛又一次袭来，身单力薄的张爱玲不知所措。问到胡兰成，他也不避讳，称这是诸暨斯家的老关系，自己目前既然借住在范家，为了应付检查只能对外暂称夫妻，这样才能掩人耳目，不然无法避过这个难关。此番说辞看上去滴水不漏，张爱玲一心只顾及着心上人的生命安危，便也没有多想。

表面上虽相信了他的说辞，可每当夜深人静时，她的思绪就如同浪涌般翻腾，让人无法入睡。她逐渐了解到生性风流的胡兰成，是她一生绕不出的劫难。

一日天色微亮，胡兰成就来到了旅馆。对张爱玲一番抚慰后又谈起西洋文学来，看他兴致颇高，张爱玲虽未睡好却也不想扫兴，便陪他天南海北畅聊着。谈兴正浓时，胡兰成只觉着腹部有些不适，便用手来回摩挲着，张爱玲发现他不停地冒着冷汗，脸上一片苍白，便伸手为其轻揉腹部。母亲一样的安慰并没有让胡兰成感到舒服，反而还不停地拒绝张爱玲的安抚，像在拒绝陌生人。他忍痛挣扎着坐起身来，远远地回避着。

不到一支烟的工夫，范秀美敲门进来送饭，没料想他竟像离家出走的孩子，突然间见到亲人般找到依靠，也不在乎张爱玲见此会做何感想，只紧紧拉住范秀美的手述说着身体不适等等。范秀美扶其躺下，用温水打湿毛巾后细细擦拭额头，一阵子手忙脚乱，张爱玲也插不上手，反倒成了站在一旁观看的闲人。

范秀美的这些举动让她万分不安。为了不让病中的胡兰成尴尬，她只能让自己扮成乡下表妹的样子，极力不让眼泪流下来。

张爱玲心里有千万个仇恨在生长，可她又不愿在外人面前打破这种气氛。平日对范秀美也随意附和着，"矫枉过正的极力敷衍"，也言不由衷地夸赞范秀美,一天聊着聊着称要为她画幅像。范秀美看了看胡兰成,这才含笑理理头发,整了整衣服后才坐定。张爱玲一边画一边说着,"范先生真是生得美,脸好像中亚细亚人的脸,是汉民族西来的本色的美"。范秀美听到这些笑而不语,越发显出小妇人的秀美。胡兰成躺在一旁,心中暗喜这样的和谐。当然,刚才张爱玲的话分明就是说给自己听的,他只能揣着明白装糊涂,还厚着脸皮把身体凑到画像前面端详,同时又对二人予以指点,小屋中顿时有了另种氛围。

为什么要给范秀美画像,张爱玲也说不明白。曾经画画不过是件极随意的事,眼下似乎有些压力,素雅灵动的笔仿佛不是在完成人物的素描,而是在诉说一个伤感的故事。张爱玲似乎忘记了自己的存在,全身心地勾画着秀美的脸廓。笑容恬淡,俊秀的眼眉唇齿,活灵活现,于是纸上这个人就有了温度。"窣、窣、窣"的声音忽然停了下来,她细细地端详着,握笔的那只手停在了空中,泪珠紧接着便落在了画像上面。胡兰成仍视若无睹地催促着她不要停下笔。

范秀美走后,张爱玲压抑的泪水奔涌出来,她抓着胡兰成的手说不出话。再问,依然如同泪人。过了许久她才哽咽着说:"我画着画着,只觉着她的眉眼神情,她的嘴,越来越像你,心里好一阵惊动,一阵难受,就再也画不下去了,你还只管问我为何不画下去!"这些话饱含着太多的爱,虽然听起来柔弱无力,却犹如千万支利箭刺向胡兰成。毫无疑问,她已为爱情丧失了骄傲的自尊。一个人独处时,她想到自己默默

# 第四章
## 相看两不厌

地承担了多少背叛与伤害，而如今两人已心生渐行渐远之感，这一切都让她心灰意冷。

　　偶尔，胡兰成也会过来陪她上街，自然也会谈到小周。凡是这些话题，他从来都少不了狡辩，或者用其他说辞掩盖过去。张爱玲比较直接，对于名分并不看重，她千里寻夫，来到温州，原本是想抚慰离家在外的胡兰成，也想厘清与小周的关系，没想到又来了个范秀美。骄傲而不合流俗的张爱玲，断然不能容忍他爱得这样毫无分别，她不能忍受胡兰成竟用同一颗心去爱许多人。这让她快要绝望了，沉重得让她喘不过气来。就像她在文章里写的一样："生在这世上，没有一样感情不是千疮百孔的。"

　　胡兰成逃亡此地，不管张爱玲独自面对舆论攻讦之难，却在此地乐得逍遥。张爱玲因内心觉得范秀美是他当下困境的保护色，也是他心底的一丝安慰，所以闭口不谈她，只要他在自己与小周之间做出选择，他不肯，只对她说："我待你，天上地下，无有得比较。若选择，不但于你是委屈，亦是对不起小周。人世迢迢如岁月，但是无嫌猜，安不上取舍的话。"说得多么好听，你们都是我的至爱，舍不得放弃任何一个。而对张爱玲来说，万般忍耐，仍是如此不堪。这样一份倾城之恋，就此变成恨海情天。

　　"你与我结婚时，婚帖上写现世安稳，你不给我安稳了？"

　　也不知怎么就说到了婚姻，张爱玲终于没有压抑住感情，在小屋里声泪俱下。这既是哭诉,也是身不由己的逼问,胡兰成似乎也觉着对不住她,仓皇地低下了头不语。实在问得急切了,才干瘪瘪地挤出几句话来。

"世景荒芜,小周已为我下到监狱里;我与她有无再见之日也不可知,你不问也罢……"不说也罢,本想借此机会缓解紧张,却不料迷茫的情绪更加弥漫,一时间大家都默不作声了。沉闷中,这个只有他们二人的小旅馆竟都显得拥挤,陌生感、疏离感也在慢慢生长。这个小城像是被时间困住了。张爱玲有时趴在窗前看景致,想着之前恩爱有加的生活,想起那时逛街看戏无忧无虑,谈天说地不胜欢喜,此刻都遥远得像一场梦。想到这些,她脸上会露出淡淡的笑容,在阳光映射下,浑身散发着无比忧郁的美。

时光好快,竟然在温州不知不觉生活了二十天。这些日子让她痛不欲生,无时无刻不在伤她的心。情感余温像是一盏风中燃着的灯,忽高忽低的火苗恍若失落之心,在逐渐黯然,不停地坠落着。

"生命是残酷的。看到我们缩小又缩小的,怯怯的愿望,我总觉得有无限的惨伤。"一夜绵绵细雨,让几乎无眠的张爱玲决定离开。收拾了简单的行李,也想起了那夜的见闻来。或许是出于女人的敏感,她私下里去了胡兰成与范秀美同居的小屋,她没想到那居所也如此简陋,然而微弱的灯光下,他们却在快乐地享受着,他们相处的亲密行为也在无情地刺痛着张爱玲。后来又应邀去过一次,三人同处一室相视无言,直至深夜时分。

胡兰成并未挽留张爱玲。张爱玲在情感的风浪中纠结着、挣扎着,她也知道自己无论有多么不舍,都得去面对无比残酷的现实。

从温州回来以后,张爱玲气色大不如前,整日愁眉不展,满面阴云。"这上海,无人来,往事已故此景谁还在?烛残漏断频欹枕,起坐不能平,世事漫随流水,算来一梦浮生。"经过十数天的考虑,张爱玲终于提笔写下了一封书信。

"那天船将开时,你回岸上去了,我一人雨中撑伞在船舷边,对着滔滔黄浪,伫立涕泣久之。"

细细读这些字句,字字都是张爱玲的血泪情史。即便如此,她仍旧挂念正身处飘荡之途的胡兰成,还用自己的稿费接济他,只因怕他在流亡中受苦。

都说世界上最遥远的不是天涯,也不是海角,而是心灵的距离。当胡兰成拆开那封信笺时,一件件往事呈现在了眼前,可他依然沉溺于混乱的爱中,对这封信也不以为意。风吹着柔弱的信笺,不断地翻飞着。

"我想过,我倘使不得不离开你,亦不致寻短见,亦不能再爱别人,我将只是萎谢了。"

这算是对自我的承诺,还是对以往人生的宣示?

看着颓唐的张爱玲,姑姑安慰过几次,闺蜜炎樱也来陪她聊天,然而她还是日渐变瘦,话语更少了。

## 第四章 相看两不厌

这时，时局越发混乱起来，张爱玲前脚离开温州，接着后面就有大批士兵出现在范秀美的住所周围，吓得胡兰成知道此地不能久留，只能四处躲避。

既然决意要走，已经习惯逃窜生活的范秀美便开始收拾行李。听到这个消息的张爱玲依然放心不下，不时地邮寄些钱财衣物过去，胡兰成把这样的爱视为对他的崇拜，受之坦然。

从温州再次回到诸暨斯家，顾及诸人的眼光，彼此的放浪行径收敛了许多。无比美好的生活就这样结束了，胡兰成也是在这个时候完成了《武汉记》。用文字记录逃亡的经历，也有着对美好往事的回望。同时也不时地给张爱玲来信讲些行走途中的故事。

有一天，范秀美的突然出现让张爱玲还未平复的心又起波澜。范秀美一路艰难地从温州来到上海，找到了张爱玲，递上胡兰成手书的纸条。原来此时范秀美已怀孕在身，胡兰成让她独自来上海手术，结果手术费不够，范秀美只得在胡兰成侄女青芸的陪伴下，硬着头皮敲开了张爱玲爱丁顿公寓的门。

看到纸条后的张爱玲颇为惊异，却也没说什么，转身回屋取了一只金镯子交给青芸，说道："把这个当掉吧，先给范先生做手术。"至此，心中寒凉绵延不绝，爱情已覆水难收，连残存的一丝灰烬都要飘散殆尽，不免倦意横生，再也不想身陷其中。

等范秀美处理完身孕这件事情，胡兰成也自知再在斯家住下去已非权宜之计,便与斯家人告别,悄无声息地离开了。他决定离开诸暨,路过上海,前去温州。路过上海之时,住在张爱玲家里。

许久不在一起,张爱玲望着胡兰成,思绪纷杂,短短几年时间,却像经历了半世纠葛,令人触目。而胡兰成似乎根本没有想到他的行为会给爱的人带来何等灾难,竟然又毫无芥蒂地说起了小周,又将范秀美事情搬了出来。本来已身心俱疲的张爱玲无路可逃,她简直要崩溃了,不由恼羞成怒地爆发出来。结果谁也不迁就谁,两人中间似隔着一片汪洋,物是人非的感觉让人又无力又悲情。

这一夜,他们分房而住,随着冷战开始,彼此的关系也在发生着变化。往日的情深意切早已烟消云散,不堪回首。

夜半时分,思前想后也无法入睡的胡兰成下床来到窗前,月光如泻,光泽铺满大地,在这样的宁静中他突然有些触动,为着爱玲,为着这个颠簸的爱情。他走到张爱玲床前,月光映在她脸上,静静地望过去,模糊中依稀能看见她娇美的面容。他忍不住用手去抚摸,眼角竟然还存有泪滴,这一刻他只想把她紧紧抱在怀里,诉尽衷肠。转眼工夫,胡兰成却又担心会再度引起不快,便重新步入屋中躺下。

又是一夜未眠,不待天亮,胡兰成又赶紧爬起来去看张爱玲。天光微微拂过她憔悴的面容,看到这一切他也心软了许多,情不自禁地吻起她来。这时张爱玲突然从被窝里伸出双臂,将他脖子紧紧勒住了,然后轻声呼唤了一句"兰成",所有的恩怨过往似都在这一声深情的呼唤中结束了。面对这千疮百孔的感情,张爱玲终究是要放弃了。

这一声轻柔的呼唤,饱含了多少痛彻心扉和"灵魂的黑夜",胡兰成是无法知道的了,只是他似乎也感觉到,他们的感情自将是要结束了。

> 来易来,去难去,数十载的人世游
> 分易分,聚难聚,爱与恨的千古愁
> 于是不愿走的你
> 要告别已不见的我
> 至今世间仍有隐约的耳语
> 跟随我俩的传说
> ……

"我已经不喜欢你了,你是早已不喜欢我了的。这次的决心,我是经过一年半的长时间考虑的,彼时惟以'小吉'故,不欲增加你的困难,你不要来寻我,即或写信来,我亦是不看的了。"1947年6月,张爱玲写诀别信给胡兰成,随信还附上了自己的30万元稿费。自此以后,这二人的一场传奇之恋,就这样辛酸地谢幕了。

在没有人与人交接的场合，我充满了生命的欢悦。

可是我一天不能克服这种咬啮性的小烦恼，

生命是一袭华美的袍，爬满了蚤子。

## 第五章 铅华始消尽

风雨一梦
人生况味
花落无奈
相守沉默

## 相守沉默

破碎就破碎，要什么完美？

人一生红尘飞扬，谁没有几段刻骨铭心的情感呢？正如张爱玲富于情调的一生中，始终为情感困扰忧烦。

原本不为人看好的婚姻，就这样在风雨中匆匆结束了，如萎谢的花束。张爱玲似乎心灰意冷了，完全辍笔放任的这一年，既有对爱情绝望的哀叹，也有躲避外界压力的无奈。生活中的种种意外，暴风骤雨般袭了过来，所有的梦想都被浇灭了。

所有这一切，只有张爱玲自己来面对了。人生如夜晚时的一声叹息，低且分明，却也令人伤怀无力。即使是曾经视为生命的文字，也无法像灵丹妙药般催生出生命的激情，一切都在枯竭。

带着"惘惘的威胁"，却任凭身心在泥潭中陷得越来越深。可是无论如何，生活仍要继续。当活色生香的爱情无奈地结束时，满腔的热

## 第五章 铅华始消尽

烈和尴尬也随之消失。过往的炫耀与飞扬，也从一反常态中渐变为平实的岁月。张爱玲的"冬眠"期似乎很长，长得让她对生活不再有任何的幻想与热情，甚至让年仅27岁的张爱玲开始衰老。有天独自行走在街道上，她突然看见自己的身影从商店的橱窗中映出来，等她再停住脚步细看时，却被自己的憔悴样貌吓哭了，细细一想，竟然有几个月都没有来例假了。所有不幸都在加剧折磨着张爱玲，老父亲的身体每况愈下；母亲常年居住英国，似乎回来过一次，从此便音信全无；弟弟也来看过她，依旧没有太多话说，只能是极其不自在地告别。

张爱玲身后的那个大家庭正在走向败落，可以想象，当那堵坍塌破败的墙倒掉之后，看到的也将是各自苟活着的人。

这就是人生。

人生是永恒的悲剧，这是人所能达到的最高的、也是最真的认识。没有了文字的张爱玲，活下去的意义便不大。这期间，她也一直思虑着以后的出路和归宿，能选择的只有继续写作或重修学业。很多时候，读者和学界都认为张爱玲的华丽转身轻松如是，实则又有多少人了解她彻夜不眠背后的哀婉呢？这个阶段，没了那个男人的甜言蜜语，没有了无休止的纠缠，感觉周围一切都空荡荡的。只有姑姑忧心忡忡地爱着她、安慰着她，鼓励她拿笔写出心中块垒，写出人生际遇，写出岁月悲歌。屋漏偏逢连夜雨，等张爱玲有了创作欲望时，却面临一家家刊物先后停办的处境。即便以往关系不错的报刊，也都刻意保持着距离。

这一切，敏感的她都懂。

人生际遇实难料，张爱玲曾悄声问自己，那个前呼后拥的荣光时代，难道就要以这样的方式告别？纠缠不清的宣泄，处在风口浪尖的谩骂声，一点一滴地湮没着眼前的生活。

日本政府无条件投降后，汪伪政府也在冰消水解中惨不忍睹地垮台了。如此纷乱的境况下，许多压抑许久的民众发出了不满和声讨，当民众要对卖国汉奸进行严厉的声讨时，纷纷把矛头指向了这个单纯的女子。这些都是张爱玲所不曾预料到的，既然要在风口浪尖承受这些流言，那就选择沉默，去面对风暴。这些非议让张爱玲在风云变幻中感受着人言可畏、人情冷暖。此时，血脉相连的弟弟关注着姐姐，虽然潦倒也无力相助，但在汹涌而来的打击中，依然悄悄祝福姐姐平安无事。

"抗战胜利后的一年间，我姐姐在上海文坛可说销声匿迹。以前常常向她约稿的刊物，有的关了门，有的怕沾惹文化汉奸的罪名，也不敢再向她约稿。她本来就不多话，关在家里自我沉潜，于她而言并非难以忍受。不过与胡兰成婚姻的不确定，可能是她那段时期最深沉的煎熬。"弟弟懂她，而他们的心思也是连在一起的。至少从他平实质朴的文字中，能读出以自我解脱来化解无比悲愤的情绪。

弟弟的良苦用心，不知能否带给张爱玲内心些许安慰。但这样的沉寂确实有些太久了，似乎这场骤烈的风暴已经将张爱玲时代曾经的绝世芳华席卷而空，不留痕迹。很多读者不情愿她就这样沦落下去，而呼吁

## 第五章 铅华始消尽

她重登舞台。上海有家《辛报》，考虑到当时读者的强烈反映和需求，还专门策划了一期调研文章——《张爱玲哪里去了？》，通过这种方式来表示关注。与那些放肆谩骂的文字相比，这微不足道的火星给张爱玲带来的却是难得的鲜活力量。张爱玲知道，如果自己不努力在文坛上复出，以后还将要无休止地忍辱负重。也许，她就是一个这样的性情中人，只有文字可以让她焕发活力，于水深火热中给她抚慰，而就是这点小小的星火，让她再度复活了。

张爱玲的文字不是"飞刀和匕首"，但在某种意义上能够自我疗伤，让她从萎谢中重新绽放新绿。很快，她的新作《华丽缘》便刊载在了文艺刊物《大家》创刊号上。故事依旧是写男女浪漫的爱情故事，却以一种犀利的反讽手法，写出了生活中无奈的哀痛和幽微的人性。

《大家》的主编龚之方，是中国的影坛前辈、报界耆宿。他生性豁达，先后从事过画报、影视、戏剧等行业，被朋友们戏称为"龚满堂"。之所以要在有争议之时，冒险发表张爱玲的作品，无非喜欢她独特的文字风格。尤其那悲剧色彩下对人性欲望的描写，不仅于神奇处感受到强烈的视觉冲击，也于不经意间触及灵魂的痛处。或许是对生命的理解相同，那种静观俗世下的冷漠、傲然、苍凉，也让他们通过文字开始有了"同情的了解，了解的同情"。众人避之不及，龚之方却不在乎，从而让张爱玲在落寞中，重新树立起了创作的信心。

对张爱玲而言，这是重新复活和认识人生的契机。认识人生，其实就是认识人生的悲剧,这种认识虽然不能改变现实处境,却足以带来安慰。于是,《华丽缘》刊出后没几天,张爱玲突然想去拜访龚之方。她先精心收拾了一番,好久都没有这样盛装了,对着镜子精心装扮时竟然有些莫名激动。以往的浓妆淡抹,只为那场如烟花般的不期而遇;当下的轻描淡写,只想在这个薄情的世界里深情地活着。

张爱玲步伐轻盈,出现在龚之方的办公室,这位达人正忙着编撰案头的稿件。她站了一会儿见无人搭理,便将厚厚的书稿放在了书桌上,不待龚之方抬头发问,直接就说:"我要你帮我做一件事。"

"你哪位啊?"龚之方丈二和尚摸不着头脑。

"张爱玲。想请您看一部书稿。"这样的开场白和炒豆子一样干脆直接,没有丝毫拖泥带水,龚之方拿起书稿来看。而一旁的年轻导演桑弧,将这情景全然看在眼里,也被这位特立独行的奇女子吸引。

从来没有人会对龚主编这样说话,这难道就是传说中的张爱玲?她看上去并没有那么冷艳炫目,却让他不敢直视,仿佛她身上有着无比耀眼的光环。在那一刻他才恍然明白,岁月山河里的孤单并非绝望,刻骨感情中的沉默依然平静。最奇妙的是,他并不知道这无意的凝望,将要开始一场温情似水的男女爱情。当然,也因了这样的相逢,才会让彼此成为对方世界中的一盏明灯。

不深入接触,看到的只是表象。此时的桑弧又哪里知道,眼前的张爱玲正处于人生最困顿的时期。生活不是演戏,从温州回来后她茶饭不

## 第五章 铅华始消尽

思,每天只喝些西柚汁勉强度日;感情上"那痛苦像火车一样轰隆轰隆一天到晚开着,日夜之间没有一点空隙";创作上,因着"汉奸妻"的名头,任何刊物都拒绝刊登其作品。正如柯灵笔下记述的一样,人生失意中的张爱玲患上了"内外交困的精神综合征,感情上的悲剧,创作的繁荣陡地萎缩,大片的空白突然出现,就像放电影断了片"。

从此,那个乱世中的奇女子消隐在了这一片纷乱之中,而新的人生历程却有了另一番际遇。

生活有所转机,日子仍有压抑,好在不少朋友想真心帮助张爱玲。1946年7月,老朋友柯灵突然邀请张爱玲去参加一个晚宴,许久不曾出门,她便开心地应了下来。

宴会的举办者,是年轻导演桑弧。

桑弧,1916年生于上海,先后执导多部影片获奖,在上海的电影圈中有一定的影响力。桑弧与柯灵是交往多年的好友,要说起来,他俩与张爱玲之间还有着微妙的关系。当年,张爱玲的作品《倾城之恋》被搬上了舞台,柯灵收到了张爱玲特意送来的丝绸面料。当他将此面料裁剪成长袍上身之后,大家都是赞不绝口,只有桑弧不晓内情唱反调,每天都用上海话尽情开涮。本是说笑的事,等他知道这面料与张爱玲有关之后,从此不再言说玩笑。

桑弧对张爱玲的创作才能十分欣赏,所以彼此在宴会上刚见面,便迫不及待邀请她进入文华影业公司做编剧,同时还有一层用意,就是想鼓励她能够重新提笔。只是张爱玲平时言语极少,那天也是从头至尾闭口不说,桑弧在无果的情况下只好作罢。

不过,这个温暖的年轻人并没有放弃自己的目标。几天后,他和龚之方一起登门拜访了张爱玲。

张爱玲确实迷恋电影。出身于官宦世家的缘故,张爱玲从小就开始接触电影,并常常陷入故事情节中不能自拔。她小时候常常一个人去看电影,用心感受着电影中的嬉笑怒骂,等到电影散场,她会乐呵呵地站在马路边等着车夫来接她。上车后,她就滔滔不绝开始讲述故事发展的情节,有时会把车夫惹笑,有时也会将自己弄哭。随着年龄的增长,她对电影变得更加痴迷,有时候为了看一部新片,竟然可以从很远的外地赶过来。除了爱看电影外,她还尝试着写下了一系列很有特色的影评、剧评。不但用中文写,还用英文来写。

现在,影业公司诚心上门详谈拍摄电影的相关事宜,自然不能敷衍了事。

1947年,桑弧导演同民族资本家吴性栽合作,投资创办了上海文华影片公司。由于吴性栽平时很少抛头露面,所有的事务性工作都交由桑弧打理。为尽快出好作品,他们找到了张爱玲。困境中的张爱玲并没有推辞,很快就写出了一部关于情感纠葛的故事,这部剧的名字叫《不了情》。剧本大意是中年企业家夏宗豫与女家教虞家茵萌生爱意,当他同太太准备离婚时,家茵却"经过理智与情感的挣扎"去了外地教书。

## 第五章 铅华始消尽

好莱坞中最常见的故事情节,却让张爱玲巧妙地加以"中国化"。看到剧本的第一眼,桑弧眉开眼笑起来,他连续读了好几遍,脑海中已然能清晰浮现出故事中的人物来。于是,他向吴性栽极力推荐,并将其视为公司的重头戏进行拍摄。

为显重视,桑弧不但亲自执导了电影《不了情》,还邀请当时上海滩最红的刘琼和陈燕燕出演男女主角,拍摄阵容可谓空前强大,电影上映后也是好评如潮,拉动票房收入直线上升。巨大的轰动效应之下,张爱玲又重新成了家喻户晓的公众人物,而这部电影也被称为"胜利以后国产电影最适合观众理想之巨片"。凡俗世界里的喧哗和挥不去的悲凉,让张爱玲趁势将《不了情》又改编成了中篇小说,以《多少恨》刊在《大家》杂志上。

为了让读者明白她此时此刻的心迹,张爱玲又特意在小说标题下面写了这样的话:"这一篇恐怕是我能力所及的最接近通俗小说的了,因此我是这样的恋恋于这故事。"

其实,《多少恨》的故事很简单,想反映出人与人之间的爱怨悲欢。一个是想摆脱旧式妻子的可怜,一个是想远离厚颜无耻的骚扰。迫于种种无奈,爱情最终只能劳燕分飞。从这些人物可悲可叹的经历中,似乎也可以读出张爱玲曾经的不幸经历。但从这"冷冷的成熟"中,却又有着"泽及万世而不为仁"的暖意。尤其是虞家茵对夏宗豫的那种需要,以及对于"大女儿"身份的认可,完全可以视为虞家茵对健康、完满爱情的追求和渴望。这似乎与张爱玲的童年相似,也从另一层角度解释了她依恋那个男人的根由。

谁也没料想到,张爱玲试水的第一部电影会有如此之大的反响。于是,桑弧又不失时机地邀请她写第二部电影。或许是因了《不了情》的备受热捧,张爱玲当即应允下来,并按照导演要求的框架和思路,又开始了新的创作。戏剧色彩深厚的《太太万岁》妙趣横生,没有情感的幽怨,少了人生的传奇,无形中多了日常生活中的世故、势利、精明和无赖,从而使这部家庭生活剧即刻有了不尽的笑声与泪水。

于乱世中偷欢,于波澜里看平常。张爱玲的电影《太太万岁》一反中国传统观众对苦戏、对传奇的迷恋,用轻松幽默的笔法写活了小市民的日常生活百态。"中国观众最难应付的一点并不是低级趣味或者理解能力差,而是他们太习惯于传奇。不幸,《太太万岁》里的太太没有一个曲折离奇可歌可泣的身世。她的事迹平淡得像木头的心里涟漪的花纹,无论怎么想方设法给添出戏来,在观众的眼光中,恐怕也仍旧难于弥补这缺陷。但我总觉得,冀图用技巧来冲淡传奇,逐渐冲淡观众对传奇戏无魇的欲望,这一点苦心,应当可以被谅解的吧?"

随着电影在市场的畅销,《太太万岁》一举成了中国电影的经典代表之作。这为张爱玲带来了不菲的收入,也为她的再次复出打了一剂强心针。这样的强强合作,让桑弧对张爱玲的认识也更为全面。"张爱玲的小说或剧本,总是力求做到能为普遍读者或者观众所容易接受……我

## 第五章 铅华始消尽

认为这是值得我们思考的一种观点。"

一个人要活成什么样子，关键在于她的内心。内心愈简单，看什么都不会太复杂。随着一部部电影的成功拍摄，张爱玲的社会交往也逐渐多了起来。对她来说，生活在情感和文字的世界里，永远都是那么性情单纯。确实，这个时候，大家突然都觉着她与桑弧十分般配，由于彼此常在一起谈论剧本和拍摄事宜，难免会让人生出许多想法来，也有热心人前去撮合说媒，但每次都无一例外地遭到拒绝。

桑弧比张爱玲小一两岁，在电影史上颇有建树，人也长得眉清目秀，尤其是那双深邃、沉静的眼睛，更是有着诸多无法言说的男性气概。只是这位工作狂平时只专注电影拍摄，对爱情却知之甚少。他并不知晓张爱玲的短暂婚史，"性格内向，拘谨得很，和张爱玲只谈公事，绝不敢斗胆提及什么私事来的"，只是傻傻地喜欢着。在大家极力撮合这件事上，龚之方表现得最为热心，有次还专程寻到张爱玲来挑明此事，然而才受过伤的张爱玲除了惊诧外，只是摇头拒绝。"她的回答不是语言，只对我摇头，再摇头和三摇头，意思是叫我不要说下去了。不可能的。"好心的龚之方非常尴尬，他看不明白张爱玲的拒绝，不知道是因为伤得太深，还是因为理智而不想再步入婚姻。

灿烂背后是灰烬，光彩背后是黯然。

张爱玲看似我行我素的背后，始终有着望远皆非的悲凉。这是她的行为准则，也是人生奈何的虚无。不论外人是否懂得，张爱玲自己是明白的，就算彼此结合在一起，也未必会有旁人眼中的幸福。确实，她对气质温和的桑弧有着一种别样的感觉，私下里也保持着某种亲密友好的关系，只是在人生的苍凉中看不清理想的光泽，才会在传闻中偷偷地选择了同居。或许这只是蜷缩在世俗的生活方式，但这又深深地联结内心的隐秘，那种不可名状的信心，消除掉的却是自身的不安、恐惧和绝望。

爱又一次来得这么快，让人眼花缭乱甚至来不及细细回味。选择同居，让张爱玲在这个社会里不需要独自承担，不需要倾心全部，不需要不顾一切，却又可以慰藉曾经被抛弃的灵魂与失落。

一念红尘短，一念天地长。情缘就这样结束了，似乎什么也没有发生过，却真真实实地停留在张爱玲的记忆中。与那个男人相比，桑弧既不风流，也不勇敢，文雅下的懦弱让他将爱深藏于心，也注定他无法掀起情感的汹涌波浪。"生活的艺术，有一部分我不是不能领略……在没有人与人交接的场合，我充满了生命的欢悦。可是我一天不能克服这种咬啮性的小烦恼，生命是一袭华美的袍，爬满了蚤子。"既然如此，那就用沉默来怀念这尘埃里开出的花，以沉默来呵护这份难得的爱，以沉默来面对这不寻常的烟火幸福。

锦瑟流年，两两相忘。

第五章 铅华始消尽

## 花落无奈

虚能引和,静能生悟。

漫长而短暂的人生当中,每个人都有太多不完美。张爱玲亦如此。

月光映在夜色中越发缥缈起来,当一个人独自面对寂寞时,张爱玲终于在了无着落的张望中,感觉到了剜心的疼。回望曾经辉煌的人生际遇,那场婚姻如同一抹惨淡的烟云,让人无言以对。慢慢地,她也明白,这个世界总归要由人来评说,既然不能左右别人的看法,那就安静地转身,让一切随风而逝吧。

抗战的枪炮声愈响愈烈,上海滩又像炸开了锅一样,有人四处逃窜,有人深居宅所,还有人在不安中感受着这个动荡的世界。只有张爱玲像是一个置身事外的旁观者,她从来都只是一个单纯的写作者,从不沾染政治,世事纷乱之下,男欢女爱的浪漫故事总也还是需要的吧?然而动荡的时局下,却总有人时常以各种各样的方式来搅扰她,让她不得安宁。

没想到名气带来的荣耀，现在却变成了无尽烦恼，与那个男人短暂的婚史，又一次让她处在风口浪尖。本就是一段不愿说出口的伤心事，哪里经受得住这么多的流言蜚语？可眼下这些人的所作所为却像针一样，结结实实地扎在心口上。"时代是仓促的，已经在破坏中，还有更大的破坏要来。"在"更大的破坏"尚未到来之时，她也在这样的裹挟中，于心中生出无端的害怕。此时，张爱玲真是宁愿萎谢了生命，也想求得一丝安逸。

1947年，张爱玲的《传奇》增订本出版。在前言中，她终于说出了此前一直想说的话："我自己从来没想到需要辩白，但是一年来常常被议论到，似乎被列为文化汉奸之一，自己也弄得莫名其妙。我写的文章从未涉及政治，也没有拿过任何津贴。至于还有许多无稽的谩骂，甚而涉及我的私生活，可辩驳之点本来非常多。而且即使有这种事实，也还牵涉不到我是否有汉奸嫌疑的问题；何况私人的事用不着向大家剖白，除了对自己家的家长之外我没有解释的义务。所以一直缄默着……"压抑，委实让张爱玲喘不过气来，她努力挣扎着以示命运的不公，但这一切却像投入河中的石子，只能看见圈圈涟漪，却听不到任何声响。张爱玲忠于自己内心的坦荡，尽力去用文字、用故事说出自己的心声。但这种发声太微不足道，没有人能够伸手帮她。

时局变化猝不及防，上海很快就解放了。喧闹声中的张爱玲，也渴

## 第五章 铅华始消尽

望着能够突破周围的杂扰,用笔触来见证人生变幻,不料时局不顺,她只好沉浸在孤寂的自我的世界中。

上海解放后,作为"左联"元老的夏衍来到上海,担任中共上海市委常委兼宣传部长。除了正常的工作事务,他还带有一项任务,就是联系那些"原不属于进步文化阵营的文化名人"。早在沦陷时期,他就陆续读过张爱玲的作品,对她文学造诣感到由衷敬佩,虽然彼此不熟识,但始终觉着这样有才的青年作家实在不可多得。"张爱玲一直是个有争议的人物。她才华横溢,二十多岁就在文坛上闪光。"等接管部队进驻上海后,为及时宣传新政府的立场和态度,尽快打开文化建设的新局面,夏衍又及时联系龚之方、唐大郎等进步作家,说明想筹办新报纸的想法,同时也捎带打听了张爱玲的消息。

1949年7月25日,《世界晨报》改版成四开四版的《亦报》重新面世,主编唐大郎,社长龚之方。与此同时,另一份《大报》也随之全新推出。新报的出现与以往流行上海街头的小报大为不同,清新的面孔、明快的文风取代了日渐颓靡的文坛风气。这些新报不仅受到了大多数读者的欢迎,也吸引了周作人、丰子恺等名家陆续投稿。这时候,唐大郎和龚之方也联系到了张爱玲。

对于《亦报》的连载约稿,她欣然同意,只是提出了用笔名发表的要求,这可能是出于对当时体制的观望,也可能是对自我的一种保护。写长篇对于张爱玲来说是挑战,不仅要改变以往传奇故事的写法,也要契合时代风潮，张爱玲并没有想太多，在文思泉涌中享受着文字带来的快感，人生的种种悲哀似乎走远了。

姑姑看到这些，心中也开始变得宽慰起来。

1950年3月，《亦报》上开始连载起署名"梁京"的小说《十八春》。小说着力描写了几对男女阴差阳错的爱情婚姻，表现出都市情感的纠葛与缠绵。从整部小说的构思来看，这是张爱玲步入新时代的第一次写作，她在迎合政治与形势的同时，也自觉地褪去了以往文字中的华丽与苍凉，融入了积极向上的精神面貌和政治理想。

阳光暖暖，享受着红茶的张爱玲，每天陪着姑姑心无旁骛地读着报纸，在铅字中悠然度过每一天。只要能和文字进行交流，她便是开心的。连载之前，《亦报》上还特地发表了推荐语，称赞"梁京不但有卓越的才华，他写作态度的一丝不苟，也是不可多得的。在风格上，他的小说和散文都有他独特的面目。他即使描写人生最黯淡的场面，也仍使读者感觉到他所用的是明艳的油彩。"报纸对于张爱玲的垂青有目共睹，而张爱玲也未曾辜负报社的期望。

作为张爱玲生命中的第一部长篇小说，《十八春》虽然根据美国作家马德宽的《普汉先生》进行改写，却在读者的热捧中连载了317期，直至1951年2月11日才全部结束。旅美期间，她对其中的内容进行了部分删改，易名为《半生缘》出版发行。

这些荣耀都要归功于眼光独到的夏衍，只是张爱玲对此并不知晓。

# 第五章 铅华始消尽

1950年7月24日至29日,在夏衍、巴金等人的发起下,于上海虹口的解放剧场举行了第一次文学艺术代表大会。会前,张爱玲也荣幸地收到了一封烫金的邀请函,只不过是以"梁京"的名义发来的。邀请张爱玲参会,无疑是当时上海文艺界高层的决定,而这个决定,也为这次大会增添了不少"亮点"。

带着莫名的惊喜、恐慌和感动,张爱玲在对时局重新进行了研判后,决定去感受一下新政府的新气象。仅从出席当时会议的文学界94名代表人员上看,就能感觉到这是不小的礼遇。真要出席这样的会议,她真正烦恼的是穿什么衣服才会得体。素来喜欢着"奇装异服"的张爱玲,那天与姑姑商量到半夜才迟迟睡去。之后的那些天,彼此最开心的话题就是衣服。

终于到了开会当日,思前想后,张爱玲选择了一身青灰色素雅旗袍,在外面又搭了件带网眼的白绒线衣。人与衣服的完美搭配,仍让她显出一种别样的风韵,旗袍在张爱玲身上散发着玉兰花般的优雅气质。虽然这已经是她所有行头中最不起眼的装束,到会场后却发现自己还是鹤立鸡群,与那清一色的中山装、列宁装在一起极不协调。参会代表都新奇地望着她,婉容的发式,银制的月牙发卡,洗尽铅华的面容上依然有着万千风情,一股檀香的气息在会场淡淡地弥散,任那雅致、落寞、风采,在举手投足间显出不凡来。

在这样不合时宜的环境中,张爱玲有些不安,她找到后排无人的地方落座。至于会上讲什么，她全然没听进去一句，只盼着会议能早些结束，摆脱这种不安。

在不需与人交接的场合，文字世界足以带给张爱玲丰足的欢娱。《亦报》因为连载她的文章，每期都会大卖，沉闷的上海文学再一次热情高涨，有不少热爱张爱玲的读者，已经从文风及故事本身流露出来的人生况味中，渐然猜测出了梁京的真实身份，但仍有不少读者执着地写信到编辑部进行询问。那文字里透露出来的从容优雅，更多的是对人生世事入木三分的冷峻刻画。

小说《十八春》讲述了顾曼桢与同事沈世钧的曲折爱情，故事中充满了太多人性卑劣。软弱无助的顾曼桢14岁丧父后，生活成长全依赖姐姐曼璐。而为了养家糊口，姐姐曼璐只得忍痛放弃爱情和前途，在刚烈中甘愿沦落为风尘舞女。好不容易与身为投机商的祝鸿才结婚，原以为从此就可以洗却过往，却陷入了长期不能生育的痛苦中。无奈的婚姻危机下，移情别恋的祝鸿才又对小姨子生出邪念。曼桢始终埋头苦读，想早些为姐姐分忧解难，也一直拖延着与沈世钧的婚期。直到有天她被沈父认出是舞女的妹妹后，才在一连串无法化解的沉重打击中崩溃，这个家庭也很快乱成了一锅粥。而此时曼璐的前男友又阴差阳错来到顾家，见到曼桢后陷入不能自拔。这些举动深深刺激着曼璐，在命运捉弄下动了加害妹妹之心，想通过借腹生子来保全自己的婚姻。于是，她协助老公让曼桢怀上了孩子。性格懦弱的沈世钧误以为曼桢已嫁为人妇，

第五章
铅华始消尽

心灰意冷之下与亲戚家的小姐喜结连理。

妹妹的囚禁,并没有改变祝鸿才寻花问柳的陋习,他在糟蹋了曼桢的清白后并没有收手。数年后,姐姐去世,妹妹这才得以同祝鸿才分手。当曼桢、张慕瑾、沈世钧三人再次重逢,一系列真相大白于天下时,所有对人性之恶的憎恨、对物是人非的惋惜、对社会的揭露与批判全然呈现书中。

十八个春秋,也不知人生的曲折是错是对,也不知月夜下是谁装扮了梦,总归是人生如梦,转身一场空。曼桢只以为这个世界充满着恐惧,但与沈世钧相遇抱头痛哭那刻,才知道这种真爱并不能分割。恍若一世的时光,错过的又何止半世情缘呢?"世钧,我们再也回不去了,回不去了。"由于小说情节摹写得过于真实,一时间让不少读者沉湎在书中与他们同悲共喜不能自拔。有位女读者与曼桢经历相似,于是便千方百计从报社打听到张爱玲的住址,专程去找她倾诉艰难的人生际遇。人自然无法见到,她只能失望地站在楼下放声痛哭,这哭声吸引了许多路人过来围观,最后姑姑张茂渊出面,好言相劝才离开了事。

人生如梦,已无岁月可回头。当《十八春》单行本发行时,张爱玲有意地改名为《半生缘》,既是对主人公不幸人生的概括,也是对她自己不安身世的抒写。

小说引起的巨大反响,并未真正地让张爱玲获得内心的安宁。在夏衍的安排下,她又随团去农村体验生活,感受基层的人文气息。在苏北

## 第五章 铅华始消尽

参加土改的几个月中,她的生活志向也开始有所转变。那段难忘的生活历程,对于张爱玲来说,除了处处充满着惊喜外,还能接触到各种各样的人和事。她每天都穿着不起眼的衣裳去排队领粮,又逐家逐户去登记户口。平凡而又充实的日子,让她无形中忘记了许多不快,也从中感受到生活的乐趣。如果要说还有其他更多想法,那就只剩下生命中无法割舍的文字了。说起文字,张爱玲也有着自己的尴尬和苦恼。

有朋友曾私下问她:"无产阶级的故事你会写不?"

"不会,只有阿妈她们的事,我稍微知道一点。一般所说时代'纪念碑'式的作品,我是写不出来的,也不打算尝试。因为现在似乎还没有这样集中的客观题材。"

这些约束个性的要求,让张爱玲在内心萌生着别意。此时的张爱玲有了离开上海的想法。

《十八春》在读者中的热销,让《亦报》继续同张爱玲约起小说连载。张爱玲还和上次一样,以很快的速度完成了小说《小艾》。

《小艾》描写了佣人小艾逆来顺受地任人打骂、糟蹋,在经受了种种意想不到的艰辛后,她身体和精神上都落下了病根。在别人眼中,她的人生似乎就是以这个大家庭为中心的;在她自己眼中,这些充斥着太多无法言说的屈辱,让生性软弱的她成了花团锦簇中的易碎品。与《十八春》相比,这本在文字风格上有了很大变化,文章结尾也不再凄凉。张爱玲在结尾处,让可怜的小艾和工人冯金槐结婚成家,生儿育女，享受起了天伦之乐。

　　这些故事可能是生活中的真实存在，也可能是她道听途说，总归让人在无尽的叹息中有着惊喜，因时势变化，她的主题和风格也需要随之改变，经过思想上的激烈抗争，她给了小说主人公一个仓促的结局，这一结尾既让主人公梦想成真，也有张爱玲对这个时代的临摹。

　　各种媒体宣传下的繁华过后，很快就归于了冷寂，终如浮云在岁月中苍老而去。张爱玲越发清醒起来，那从血脉中流淌着的阴冷，是末世的冰冷刺骨，是不可思议的洞察力。

　　这一阶段的轰轰烈烈，只不过是她人生中的短暂瞬间，而她需要走下这个舞台重新出发，以寻找内心真正的安宁。这个消息刚传出，很多好朋友都极其反对，只有夏衍还不知道这些变故，他此刻正忙着上海电影剧本合作所的筹备事宜，而且还准备邀请张爱玲前来担任编剧。

　　只是这一切的真诚挽留，似乎都变成了催促张爱玲快些离开的信号。

　　无关他人，她只是想活好自己。

# 第五章 铅华始消尽

## 人生况味

人生滋味，难免有时清远微凉。纵是繁华，也抵不过人生漫长。

所有这些惊艳上海滩的风光，都注定要成为张爱玲生命中不可或缺的风景。而她在风光正盛时，仍毅然选择转身离开，哪里又是她的归属呢？1952年7月，32岁的张爱玲申请复学成功，手持香港大学入学通知书，在众人的不解中毅然离开上海，以别样的心情再次到了香港。

每个人都有自己的宿命，对张爱玲来说，她的宿命便是要逃离一切的决心。不为人知的躁动不安，始终在促使着她不停地漂泊，似乎只有这样才可以安稳一些。"时代是仓促的，已经在破坏中，还有更大的破坏要来。"遥想张爱玲多年前说的这句话，突然发现这个怅然若失的女子，珍惜的本不是身边的荣誉，在乎的是不断追寻的脚步。

十年生死两茫茫，不思量，自难忘。如宿命般，十年之后张爱玲重新来到香港这座城市。面对种种变化，她深感时光流逝如此之快，而眼前的一切仿佛老电影中的场景,"依旧有那么一刹那,我觉得种族的温暖像潮水冲洗上来,最后一次在身上冲过。"举目无亲的张爱玲独行在物欲横流的街巷,面对这个杂乱纷呈的社会,支撑她的只有那些记忆。

花红柳绿中涌动的是不易察觉的冷漠,泡沫一样膨胀着,相互挤压着,让小的变成大的,大的又重叠小的,最后在不断的隆起中塌陷,又重新开始。蜘蛛织网不也这样吗,看上去密密匝匝却经不起风吹雨打。

十年前,也是这样萧索的季节。张爱玲不情愿地从香港回到上海,满腹无奈。如果说岁月是一本大书,那上海的每一页都是不可多得的精彩。不知不觉的十年,确实收获了太多,自然也失去了不少。所以这次去香港,张爱玲心事重重。她只想从所有不堪的回忆中消失。

面朝大海,春暖花开。真正面对浩瀚平静的海水时,心情才能澄澈。天蓝蓝的,几朵云彩点缀其间;风凉凉的,带着潮湿的咸味。游轮上的人们早已陶醉其中,就连一向与人保持距离的海鸟,此时也在船前飞来飞去。张爱玲不施粉黛,素面素心,倚在船舷,花布旗袍的素净与天际叠映在一起,似乎在思考人生,又像在往事中忧郁着。她任思绪沿着水波汹涌翻腾,城市渐渐远去,灯红酒绿成为幻影。

张爱玲怎么会忘记收拾好行李出门那刻,她轻轻拥抱了至亲至爱的姑姑,又亲昵地附在耳边私语一番:"从此一别,不再通信,不再联络,也不给彼此牵挂的念想。"张爱玲就这样,执意与家画了道界线。

是啊,怎么能说忘记就忘记呢?姑姑泪流满面,只是紧紧地握着她

## 第五章 铅华始消尽

的手，一句话也不说。执手相望，她知道即使前面是万丈深渊，张爱玲也会义无反顾地出发。

姑姑是个极开明的人，既然这样，那就祝福吧，祝福她前途安好。对于弟弟子静来说，姐姐像漂浮的云彩一样飘向天涯。这些年，弟弟其实过得并不好，先后换过几次工作，始终不是得心应手。所以，这泪水中既有对现实生活的不满，也有着对姐姐放弃尊荣生活的不解。现在看来，这些云烟下的暂时安稳，让她想迅速逃离出来。

几家欢喜几家愁，人生不就是这样吗？临去香港前，张爱玲特意前往西湖游览。透着寒意的西湖还沉睡在料峭春寒中，花未开，叶未绿，情景像极了张爱玲的心情。这样的景与这样的人重逢在一起，让人看不出是梦在扰人，还是人在造梦。沿着湿气四散的西湖行走，苏堤、亭阁、断桥，还有树木丛中的雷峰塔，似乎都映衬出了内心的忧伤。此时，她感受到的依旧是越不过的人生苍茫之感。

西湖之行，是为香港之行做出选择吗？留下抑或离开？说实话，她自己也不知道。许多人不明白，张爱玲到底在寻找什么？到底是什么样的力量，让张爱玲要抛弃眼前这一切呢？远赴香港，真的可以求得内心的安稳与平静吗？对张爱玲的悄然离去，上海文化圈的名流也是十分惋惜，只是得知这个消息时，她人已经行在海上了。

或许只有这样无牵无挂地走，才不会遭到时代无情的折磨，才可以避免触及过往的伤痕。在船头站得有些久了，张爱玲还是感觉到有些冷,不断拍打着她的海风让这个惆怅的女人逐渐变得清醒起来。思绪纷乱,无论是在上海的万人簇拥中,还是在西湖幽静而冷寂的水色中,她都清醒地意识到迈出这一步,已覆水难收。

总之,上海这片滋养过她的沃土,已成为过往岁月的一抹倒影。

"自古圣贤多蒙妒,不遭人妒是庸才。"各种琢磨不定的动荡,无法猜测的瞬息万变,都让她努力在城市烟火中找寻着丢失的自我。关心她的人都知道,张爱玲去香港是要"继续因战事而中断的学业",只有她自己明白,这种绝世独立的叛逆,已经很难融入新时代中去。

复学的事情进行得很顺利。

就这样,8月20日,张爱玲以完成战时中断的学业为由,再次回到充满着书香气息的香港大学。这方世外桃源果真不同,从半山腰的宿舍就能远眺整座城市。校园无疑是美好静心的,鸟语花香的氛围让她很快就忘却了太多的烦恼。唯一不同的是,走了几次以前熟悉的路,她都无法找回失去的天真了,只好把自己关在宿舍,忘情地翻译、写作。

但这种安静的生活并没有持续多久,缺少固定收入的张爱玲必须要为生计奔波,还要应付那些慕名来访的"不速之客"。这些都让张爱玲措手不及。这时母亲的老朋友吴锦庆闻讯后也出手相助,主动向香港大学文学院院长贝查推荐,并积极帮她申请奖学金,意欲一解她的困窘。

香港这城市不大,张爱玲内心却始终携着"难民意识",感觉自己走不到尽头。她喜欢简单、无人打扰的清静,可眼下要实现这些都变得

# 第五章 铅华始消尽

极不容易,要在这座华美但悲哀的城中立足太难了。好在这种种的不快之中,还有文字可以给她无尽的慰藉。

为了能在这浮躁的香港孤岛生活下去,她迫切需要钱维持生计,为自己的文学梦想谋出路。她知道,只有文学才能带给她如曾经般的璀璨和希望。于是,张爱玲重新找了间没有家具甚至没有书桌的小房子。环境虽然艰苦,但内心却纯净多了,即便趴在床边的小几上写作也是幸福满满。但她始终觉得这里不是自己的家,从来也不购置任何东西,只怕"一添置了这些东西,就仿佛生了根"。

本应顺理成章完成学业,现在却要想方设法地赚钱以维持生计,这是张爱玲不愿意面对的,突然而起的困惑让她不知何去何从。好朋友炎樱偶然知道这些事情后,欣然来信邀她前往日本一起发展。

面对命运的困顿,人生的无常,个性坚决的张爱玲彻底将香港看透了,她终于感觉到这座城市并不属于自己。由心而起的悲伤,反复提醒着她离开这座城市。她在无所适从中退学了,坚持了不到一个学期的学业就这样中断了,而贝院长和吴锦庆还在为她的奖学金四处奔波。

阴差阳错让张爱玲没有像从前那样无所适从。来港之前,她曾有过这般顾虑,但面对现实只能在困窘后匆匆卜卦,急急乘船去了东京。这样的奔走无路,自然注定要经受四处漂泊的困境。然而到了东京后,张爱玲依然没有什么好运气,只能在四处碰壁中心生无比幽怨之情。炎樱也为帮不上好友而心生愧疚,只得送她回到香港去谋生。

生命的悲哀，不断迫使她从文字中找寻温暖，在颓废中体验着悲凉。这样的生活阴影，其实是对悲哀的注解，是对社会真相的不屑。除了写作，她似乎什么都不会。

重新回到忙碌而又兴奋的香港，看到一切仍然那么紧张焦灼。正在这时，美国驻香港总领事馆新闻处获得了海明威《老人与海》的中文版权，正在各大报刊上征集适合的翻译人选。张爱玲为了生计也前去报了名。据说在现场面试时，张爱玲操着一口纯正的英国腔调对答如流，给现场的负责人宋淇留下了极为得体深刻的印象。宋淇的夫人邝文美在美新处工作，种种原因让他们成了一见如故的好友。

宋淇为著名戏剧家宋春舫之子，来港后一直供职于美新处。他和张爱玲一样非常喜欢中国古典文学，尤其对《红楼梦》的研究更是超于常人。共同的兴趣，让彼此的关系从熟悉走向了信任。从此以后，宋淇夫妇一直无私地帮助张爱玲，维持了一生的友谊，没有丝毫怨言。

在40年代的上海滩，光芒四射的张爱玲又谁人不知呢？她身后有着诸多的拥趸，而宋淇夫妇便在其中。随着逐渐熟悉，朋友们在一起也会提及她"倾国倾城"的往事，但张爱玲总摆出一副冷漠面孔，这样的话题便不了了之。沧桑的过往，让她将爱情全然抛及脑后，从此不想提起，也不再提起。眼下她只想通过文学让自己重新崛起。

应聘后，张爱玲开始做起了英文翻译工作，参与到大规模的美国文学作品中译计划中。生活的逼迫，让她没有权利做过多的选择，"我逼

## 第五章 铅华始消尽

着自己译爱默生,实在没办法。即使是关于牙医的书,我也会照样硬着头皮去做的。译华盛顿·欧文的小说,好像同自己不喜欢的人说话,无可奈何地,逃又逃不掉。"虽然有各种条条框框的约束,好在还有她喜欢的内容。扎实的功底,让张爱玲在面对这份工作时很轻松,源于对文字的钟情,她很快就忘记了生活中的忧烦,投入精力先后翻译了《美国七大小说》《无头骑士》《老人与海》等大批经典文学名著。

说实话,这些必须要翻译的文字,虽然有些并非内心所愿,但为了生活,她依然将这份工作做到了极致。除了默默低头苦干外,她始终梦想着能够在奇幻的香港找到属于自己的位置。

求学的经历也没有时间去想了,和风吹树叶一样的无影踪。张爱玲在工作闲余开始读书、写作。这种难得的生活让她找到了乐趣。这时的文字便也有了清淡不失意蕴的性情。在生活与梦想的天平两端,寻找一种平衡,确实难能可贵。与此同时,她还会写些电影剧本来聊以自慰,诸如《小儿女》《南北喜相逢》等剧本,就不失真诚。

洗尽铅华的文字,只会让女作家的世界更纯粹、更自在。四五十人的团队中,张爱玲的这种表现很快就受到关注,作为美新处处长的理查德·麦卡锡更是对其非常器重。

毕业于美国爱荷华大学的麦卡锡是个中国通,他先后任美国驻中国大使馆副领事,驻香港、泰国、越南等地美新处处长等职。虽然张爱玲不属于美新处的正式员工,彼此间还是因为工作结下了深厚友谊,日后

## 第五章 铅华始消尽

还合作完成过一本小说《我的香港妻子》。张爱玲漂洋过海到美国后，之所以还继续承担着这份翻译的工作，再后来改弦易辙前往美国之音做翻译，都离不开他的热情推荐。

在美新处的"授意"下，张爱玲又拿起笔开始创作命题作文。

张爱玲记得第一部英文小说《秧歌》完成的情景，她把稿件送去让宋淇夫妇把关。那优美畅快的文字，细腻生活的描写，勾起了他们对故乡的怀想。《秧歌》在杂志上连载后，社会反响巨大，不仅得到美国驻香港新闻处的认可，尤其是处长麦卡锡对这文字更是十分着迷。他所阐述的观点也是入木三分："这本动人的书，作者的第一次英文创作，所显示出的熟练英文技巧，使我们生下来就会英文的，也感到羡慕。"

张爱玲先后完成了《秧歌》和《赤地之恋》两部关于中国50年代农村土改的小说，并分别刊登在了1954年7月和10月号的《今日世界》杂志上。1955年，出版商Charles Scribner's Sons在美国出版了《秧歌》的英文版。这时张爱玲对外界更是漠不关心，她的创作风格发生了很大的改变——文笔少了艳丽的装扮，少了浓彩的灯红酒绿。许多老读者更是始料不及，只感觉这样的文字淡如白水，索然无味。

张爱玲什么也不在乎，她很快就要在三个月的时间内完成小说《赤地之恋》了。可人生路上的各种变故，谁也无可奈何，更不要说称心如意了。生活不就是这样吗？要不伤痕累累，要不全身而退。

而此时的大风暴正朝着张爱玲袭来，她已没有太多的选择。

# 风雨一梦

　　人生的无奈，才是这个社会最可怕的漩涡。始终与政治绝缘的张爱玲，只在乎寂寥孤灯下的文字，只有文字能让她安之若素，抵挡住岁月的无情。生活自有它的花纹，我们只能描摹。话虽这样说，但从张爱玲创作的速度来看，香港三年无疑是她的第二个创作高峰期。虽有诸多烦心和搅扰，但一直坚持写作却是她最开心的事。独处一室，香烟袅袅，神清气爽中完全享受着自我的创作灵感，隐士一样将这座城市视为了云水间的茅庐、深山中的庙宇，也便不在乎一窗之隔的喧闹了。这时的她是真实的，尤其是在对宋淇夫妇说起这种创作状态时，都掩饰不住内心的兴奋。"写完一章便开心，恨不得立刻打电话告诉你们，但那时天还没有亮，不便扰人清梦。可惜开心一会儿就过去了，只得逼着自己开始写新的一章。"

　　《秧歌》与《赤地之恋》这两部作品，《纽约时报》为此两次刊

## 第五章 铅华始消尽

发评论专刊,随着《星期六文学评论》《纽约图书馆杂志》《先驱论坛报》《书评文摘》等报刊的发表评论,很快就在美国和大陆掀起了一场轩然大波,这完全出乎了张爱玲的想象。

张爱玲是下了功夫来创作小说《秧歌》的,这也是她的第一本英文创作的小说。故事强烈的戏剧冲突,以及细节表现上的凄凉,也深深地烙印在读者心中。她用一种冷幽默般的快感行文叙述,尽管故事内容是悲戚的。在张爱玲不温不热、不冰不冷的叙述下,一个家庭的悲剧就这样上演了。从篇幅和故事的宏度上看,这部长篇小说布局均匀,落笔利索,细节也结结实实,完全没有了以前的花哨和琐碎。从行文来看,她力争写出与众不同的英文小说,在风格上独树一帜。

作品完成后,张爱玲又进行了多处改动,文字更多地描写了夫妻之情的含蓄、兄妹之情的细腻,笔下的这些人物都有声有色地存在着,人物的命运在细微的枝节中徐徐展开。

后来,张爱玲把《秧歌》翻译成中文,在香港《今日世界》连载后,也在港出版了英文本和中文本,然而却反响平平。

当然,《秧歌》的出版,更多是带着美驻港新闻处的"反共""美元文化"攻势,张爱玲并没有去深入了解书籍的发行情况。随后又迫不及待地接下了美新处要求创作《赤地之恋》的新任务。而同样的,这本书也遭遇了低谷。

也许因为这两部作品都是在美新处处长麦卡锡和美新处的全力支持

下写成的,其中的政治背景、表现内容与其之前创作风格大为不同,而读者似乎更喜欢她曾经那些花团锦簇般描摹人性的男欢女爱的故事,对转而归于"平淡而近自然"的题材并不买账。张爱玲对这种"在授权的情形下写成的"作品也不满意,"因为故事大纲已经固定了,还有什么可供作者发挥呢?"也有一些文学评论家对这两部作品进行了批评,大陆的评论界学者,更是对张爱玲进行了强烈批判。时任《万象》杂志主编柯灵评论说它们的"致命伤在于虚假,描写的人、事、情、境,全都似是而非"。

当初她从上海来香港,只为求得精神深处的安宁,现在时局纷乱得让人忧心,张爱玲这个敏感的人,不知道何处才能落脚,让身心安稳下来。而这次创作上的"滑铁卢"再一次让她感到困惑与迷惘。

读者喜欢的是风华惊世的花满枝头,她已无法满足。思考良久,她不知如何应对这种境况。1954年10月25日,张爱玲带着仰望的尊敬之心给胡适去信一封,并附寄大作《秧歌》。

从少年时期起,张爱玲就对胡适不陌生。虽然从未谋过面,可除了喜欢他的文字,还有种特别亲切的感觉。当然这一切都源于父亲,因为她经常可以看到他坐在书桌前读《胡适文存》的情景。等到上学后,张爱玲又和弟弟先后读过《海上花》《醒世姻缘传》等相关考证的作品,那时确实非常痴迷,一遍不够,又会抱起书来反复再读,也不觉得累。最执着的时候是香港沦陷时,她更是投入其中不能自拔,完全忘记了防

## 第五章 铅华始消尽

空洞外的枪炮声。

"请原谅我这样冒昧地写信来。很久以前我读到您的《醒世姻缘传》与《海上花》的考证,印象非常深,后来找了这两部小说来看,这些年来,前后不知看了多少遍,自己以为得到不少益处。我希望您肯看一遍《秧歌》。假试您认为稍稍有一点接近'平淡而近自然'的境界,那我就太高兴了……"

此时的胡适虽久居美国,却是中国作家眼中不可逾越的高峰。1955年1月,胡适在百忙之中给张爱玲回复了信件:"你这本《秧歌》,我仔细看了两遍,我很高兴能看见这本很有文学价值的作品。你自己说的'有一点接近平淡而近自然的价值',我认为你在这个方面已做到了很成功的地步。"张爱玲万人迷恋,胡适之倾倒众生,彼此的书信往来中,张爱玲已然有着太多说不出的喜悦与兴奋,尤其是面对着书上的圈圈点点时,更由衷多了一份亲近,也结识了一份忘年情谊。

人世间诸多的不得意,让生命在倔强中逐渐败落下去。由心而起的彷徨,就连看天上的流云都是浓得化不开的结。在这样两难的境况下,这位女子也不知该何去何从,她只能想到躲避。

不如说,这样的特立独行本就是一种活着的态度,只是别人还没有理解罢了。与社会完全格格不入的尴尬,是人生经历中难得的见证。在香港的那些日子,诸多伤感包围着张爱玲,还不待拂去沉淀在她身上的阴霾,却又被另一层阴云笼罩。再回首熟悉的上海,注定是无法回去了。没有了梦想,就算是回到那座城市也尽是陌生。种种刻骨铭心的体验,让一切都变得微不足道。

手无缚鸡之力,又不愿意接受帮助,在外人眼中,张爱玲似乎有些不合群了。正如她在《天才梦》中写道:"我是一个古怪的女孩。从小被目为天才,除了发展我的天才外别无生存的目标。然而,当童年的狂想逐渐褪色的时候,我发现我除了天才的梦之外一无所有——所有的只是天才的乖僻缺点。世人原谅瓦格涅的疏狂,可是他们不会原谅我。"实际上并非这样,熟悉的人都了解她,便也去迁就她,比如好友炎樱与宋淇夫妇就是这样的人,给予了她无数温暖。

无疑,张爱玲的天才梦想大多数情况下,是以文字来完成其精神依托的。从她出版的系列作品中不难发现,这些故事里的地点多选择在上海和香港。从小长在上海的张爱玲,对这座流金的城市有着深厚感情。而香港时不时地出现,则是她对社会和人世深入骨髓的了解。在《茉莉香片》开篇中,张爱玲以属于自己的超脱来定义香港"是一个华美的但是悲哀的城"。香港城的灯红酒绿,表面上看起来无法与悲哀牵连,实际上悲哀正是人生无奈、世道炎凉的见证,是内心凝结的痛苦。在《沉香屑:第一炉香》《沉香屑:第二炉香》《倾城之恋》等作品中,这样的悲凉始终在淡然地弥散着。内心的细腻、自信的遗憾、并不快乐的花样年华,都催促着张爱玲过早成熟,使她更清晰地看透了香港的繁华是向上海"借"来的。也正是在这样的畸形世态中,统治地位的人高高在

## 第五章 铅华始消尽

上,享受着男欢女爱、纵情声色;生活在最底层的人为了生存,不惜出卖房屋、子女,甚至一切。这些年的所见所闻,无疑是让人悲哀的。她笔下与香港有关的文字,更多是在书写着人与人之间的冷漠,荒诞社会中的险恶,无助人性下的可悲。

佛云:心中烦恼是妄心,身心安稳是逃避。1953年,美国政府出台了一项难民法令,大意是鼓励学有所长的外国人来美落户,逐步成为美国公民,远东地区指标为两千人。消息一经传出,觉着在香港已没有前途的张爱玲,又重新看到了人生的希望。她借助与美新处的融洽合作关系,毫不犹豫向美国提出了入境申请。而此时与胡适的频繁书信来往,也为她日后在美国的发展悄无声息地铺平着道路。

申请很快得到了批准。拿到签证那一刻,张爱玲心中说不出的苍凉,就在此前,香港还让人备感冷漠,转眼间又成了恋恋不舍。

晚秋的风从维多利亚港湾吹来,有些潮湿的冷。这个季节,张爱玲仍然身着旗袍,幽幽地行走在高楼林立中,伴着远处的夕阳,红色和青花蓝相映成优雅。海边有很多嬉闹玩耍的人,她一个人行走着,无人知晓她的内心,自然也无人过多地去关注。

其实,每个人都是一道风景,看不看全在于别人。"淡蓝色的充满着烟愁的海,还有那茵茵得化不开的雾",伴随着那股海洋扑面而来的腥味,化不开的是潜藏于心的痴迷和留恋。海滩上,张爱玲又回顾了香港的生活,无味中有着乐趣,无聊中有着开怀,只是这样的生活终究不是她想要的。失落、无助以及创作上的不顺，噩梦般袭击过来，让人不敢想象，也无力去招架。

现在来看，留恋只是人生的一场梦，短暂得不容置疑，短暂得苍凉浓重。真正能记住的又该是什么呢？是人生的悲伤，还是生命的无助？是作品的遭遇，还是社会的疏离？

不知道，真不知道。当然，这些最终都会让挑剔的张爱玲带走，以其一生中最不满意的方式带走，因为只有从这阴影中走出去，才意味着后半生还有希望。

1955年11月，张爱玲又要一个人行走了，她决心要离开这曾给予她好运的"福地"。张爱玲从来都是"想做什么，立刻去做，也许都来不及，人是最拿不准的东西"。她不但要提笔书写暗蕴香港人情的"风俗画"，而且要在奇幻的境界中见证生命的启示。自古美人如名将，不许人间见白头。这个决定对她来说是痛苦的，其中也有着刻骨铭心的体验，毕竟这个地方给了她许多创作的题材和灵感。这种上海人的香港情结中，不仅仅是她所亲身经历的人和事，更重要的是在这交织着各种复杂的情感与想象的华美中，看清楚了映照在香港人身上无时无刻的悲伤和无奈。

当克利夫兰总统号游轮悠长的汽笛渐然从海面上拉响时，张爱玲迎着拂面而来的海风，轻轻拭去了留存在眼角的泪滴。此时，不管她是否愿意，船都缓缓驶离着这令人心碎的地方。海鸟不断起伏，随之跃动而

# 第五章 铅华始消尽

起的浪花,也满载着她的清高、淡泊以及悲凉朝着大海深处而去。没有挥别,没有欢悦,依稀只看着宋淇夫妇由大到小,越来越小,仿佛要融入天地之间。

所有的熟悉都从无比的孤独飘浮感中神奇地幻灭了,留给她的却是不知何去何从的命运。"去英国的签证很难拿到,况且她也没有生存来源",张爱玲并没有去投奔远在英国的母亲,而是在麦卡锡的担保下,手持他亲自签发的签证去了美国。

其实,以张爱玲不俗的才情,如花妙笔定能写尽这座城里的众生百态。要真正面对现实的无情打击时,她又无法做到对这个世界的迁就和宽容。香港的生活与想象中相悖,好多时候就像在做着虚妄的梦,不知梦何时会醒,徒增的只是无休止的苍凉。

岁月人生,流转不定,行走就似写下的成长。这些年的悲喜交错,虽未奏出人生的交响乐章,但能有孤芳自赏也是绚烂无比了。这一切都需要面对和担当。而这一走将是经年岁月,能回望的只能是生命深处的记忆。

踏花拾锦年,枕梦寻安好。张爱玲那颗不安的心,就像这两部书的出版。你若是只想逃避,世事偏偏就会来寻你;你不懂政治,却要将你摆上供桌。张爱玲在香港的"滑铁卢",成了她文学创作上的硬伤。面对纷杂的言说,她只有接受。

每每夜深人静之际,没有了阳光照射下的惬意,没有了手捧热茶的

## 第五章 铅华始消尽

温情,恍然才觉着人生不如意竟十之八九,而真正的称心如意却都藏在了梦里。对于香港这座城市,张爱玲是用心喜欢的。"太喜欢这城市,兼有西湖山水的紧凑与青岛的整洁,而又是离本土最近的唐人街。有些古中国的一鳞半爪给保存了下来,唯其近,没有失真,不像海外的唐人街。"现在不得不离去了。

风雨路上漫漫无尽,到底又蕴藏着何样的勇敢呢?所有关注着张爱玲的人,都在等待着她华丽倾城的热烈绽放。

或许,只有放下,才能行得更远。

也许爱不是热情,也不是怀念,不过是岁月,年深月久成了生活的一部分。

## 第六章 新梦愁风雨

浮生若梦
出走计划
人间烟火
爱的灵魂

## 爱的灵魂

人们常说，此心安处是吾乡。对张爱玲而言，她似乎一直在寻找自己的心安之所。

1956年3月，张爱玲一路辗转，终于从纽约的女子宿舍，来到了远离市区的麦克道威尔文艺营。

麦克道威尔文艺营是以美国著名的作曲家麦克道威尔命名的艺术社团，由他的遗孀玛琳·麦克道威尔于1907年在新罕布尔的彼得伯勒设立的，主要为一些有才华的艺术家们免费提供食宿、创作等条件。为了解决生计，张爱玲也在麦卡锡等人的推荐下通过申请，来到了文艺营，预计利用三个月的时间，在这里完成第二部英文小说《粉泪》的创作。

车向前行驶着，不断刮起散落在地上的枯叶，苍凉和忧伤都随风散去。处处还残留着雪的痕迹，在一盏盏灯光的映照下，分明就像一块块承载着陈年往事的补丁。唯有这由远至近的光，带给人以温暖和遐想。

文艺营里的生活很有规律，每天的早餐供应结束后，大家便在工作室内进行创作。午餐时间，服务生为避免贸然打断创作者的思路，会按时将食物放在每个工作室门口的小篮子里。每天下午四点是自由活动时间，文艺营的作家们才会聚在一起放松精神，在一起谈天说地、谈古论今。张爱玲总算可以心无旁骛地进行创作，而不再为每天的吃饭发愁。在这些人群中，无论是进餐还是叙话，她都表现得十分得体到位，以东方女子的庄重之美成为大家关注的焦点。

　　如果不是上天安排好，那只能认为这是人生的巧合，人生地不熟的张爱玲刚来到文艺营，便在无意中结识了剧作家赖雅，没想到两人交谈默契，情趣甚为相投。

　　赖雅本是德国移民的后裔，17岁时就读于宾夕法尼亚大学文学专业，随后又考入哈佛大学攻读硕士，毕业之后去了麻省理工学院任教。平日里风趣幽默，不拘小节，有着十足的男人味。也许他有着天生的流浪者基因，随着他创作的诗剧不断受到好评，干脆辞去了教书的工作成为自由撰稿人，全身心都投入创作中来。本来一切都顺风顺水，他已经在好莱坞的圈子里小有名气，却没料到人生难测，先是协议离婚，又因为两次中风，以致很长时间内没有新作出版问世。迫于生计，他也只好申请来到了文艺营。

　　不期而遇的相识，像是命运奇妙的安排。同样的寂寞，是引燃两个孤独者的导火索，一步一步将张爱玲置于奇妙的境地，就像一个回家的游子，突然发现了远处有袅袅炊烟。更多的喜悦后面，无疑又合乎着张爱玲"现世安稳"的愿望。

如果没有记错的话，那天是3月13日。

几天之后，一场不期而至的风雪到来了。屋外是满天风雪，屋内是热火朝天。兴致勃勃的艺术家们纷纷相约到大厅中喝酒、谈天，咖啡香气弥漫在空中。敏感的张爱玲一边谈文学，一边听赖雅谈着他以往冒险的各种经历，心中接纳了这个男人。正如《倾城之恋》中徐太太一样，"找事，却是假的，还是找个人是真的。"谈文艺说故事，为他们进入彼此内心创造了机遇。

融洽的接触，无形中加深了彼此的了解，仿佛与年轻时恋爱如出一辙。张爱玲思虑再三后，决定将自己的小说《秧歌》让其指点一二。读完稿件那一刻，赖雅对东方人内在的含蓄了然于胸，他先是从结构、故事情节方面给予建议，接着又以情人的浪漫，誉其貌美；以父亲的慈爱，赞其文字。一句句话语竟然如同魔咒，让张爱玲俯首倾听。钱钟书老先生说，男女的爱情通常都是由借书开始，而这部书稿，自然就成了开启彼此心房的钥匙。共同的爱好，和着红茶的清香，暂时的快乐，足以让两人执手相谈文字，诉真情定终身。

面对赖雅的张爱玲，内心似乎找到了依靠。同是天涯沦落人，让张爱玲在爱情枯萎许久之后，又开始渴望爱。在《小团圆》中，燕山曾对盛九莉说："你大概是喜欢老的人。"其实老没什么，只要可以依赖。

## 第六章 新梦愁风雨

盛九莉没有回答,只是在心里掠过这样的话:"至少他们生活过。"张爱玲和盛九莉的心思相同,不愿意去追寻名誉、地位、身份、金钱,她们要的只是人与人之间的依偎。

赖雅无拘无束地侃侃而谈,让张爱玲感到心安,她觉着赖雅是生长在悬崖上的劲松,生机勃勃中带着不惧困难的勇气,不仅能带来战胜困境的力量,还能让人感受到安全感。这样的男人,其实最容易让女人心动,尤其是张爱玲这样内心缺乏安全感的人,虽然害怕受伤却又渴望爱情。现在,她又想不顾一切地爱。

日子过得很快,在这个独处一隅的世界里,相遇相知的温暖让他们心生感动。惺惺相惜的温情代替了曾经的矜持。短短两个月的接触,他们谈文学,谈人生,谈天上人间,愈来愈默契。最终,他们相爱了。相爱的力量激发了张爱玲的创作激情,也就在这个时候,她的小说《粉泪》的创作过程也十分顺利。

没过多久赖雅在文艺营居住的期限就到了。在申请无果的情况下,他只能前往纽约州北部的耶多文艺营。又是一场即将到来的离别,送赖雅走的车站,张爱玲坦白了想结婚的念头,赖雅也向张爱玲许下了承诺,会一如既往地珍视这份感情,但考虑到婚姻的话,他也很坦诚地如实相告,怕因生活的拮据而无法保证以后的幸福。临走时张爱玲又给了赖雅一些钱财。

执子之手,与子偕老。从此,65岁的赖雅与36岁的张爱玲开始了浪漫的两地传书，信中自是缠绵无尽，也弥漫着文艺气息。这样的交流中，日子过得很单纯，也很快乐。当中西方文化在你情我爱的氛围中相互碰撞时，爱情之根基也更为坚固了。随着在文艺营居住期限的结束，张爱玲发现自己有了身孕，而递交给文艺营的申请一时半会儿又没有任何音讯。

作为上天赐予的礼物，孩子原本就是彼此新生活的希望，可这个意外的消息却让张爱玲始终无法高兴起来，她在信中一次又一次地忧虑着，好在赖雅每次都会及时回信予以安慰，想方设法帮她消除内心的不安。经过慎重的考虑后，赖雅又寄出了一封求婚信，表示要生生世世和她生活在一起。这些让心情凌乱的张爱玲心中又漾起了一丝温暖。

赖雅喜欢乡村小镇的宁静，那里充满了自由自在的气息；张爱玲却乐意住在繁华的城市，她更喜随心所欲的状态。这个小生命的出现，让彼此安逸的生活现状出现了一些波动。

几天后，他们在耶多的一家小酒馆中见面了，就孩子和婚姻的问题进行了讨论。很多条件都达成了共识，只是赖雅始终坚持不要孩子，而张爱玲考虑到生活和经济也这么想，于是也答应打掉这个孩子。

第二天，还是在这家小酒馆中，赖雅单膝跪地，手捧戒指，向未婚妈妈张爱玲求婚。在小酒馆明亮灯光的照射下，以往的喧闹也停下来了，大家都面带笑容地祝福着这对新人。张爱玲羞赧地起身上前扶起赖雅，接着他们就紧紧地拥抱在了一起。

临分别时，赖雅又专门提到了孩子，在对待孩子的问题上，两人意见格外一致。张爱玲恐惧生育，赖雅也无力抚养，让张爱玲尽快去纽约的西奈医院进行检查，并将检查结果写信告诉他。几天后，张爱玲独自去医院做了流产手术，在一阵阵痛彻心扉的呻吟中，她不再有任何心理上的顾虑。

没有了压力，两人又可以轻松地做喜欢的事情。手术没几天，赖雅带她到了一座古老的小镇上参观，流连忘返的快意中，很快就忘记了手术后的疼痛。到了晚上，一餐简单的饭菜后，又一起品着美酒相拥读书，而这一切都在酒色中幻化为美不胜收的虚妄。

生活原来这么美，幸福来得这么快。

夜深人静之际，只有赖雅睡去时，她才有时间从脑海中掠过手术时的种种后怕。在《小团圆》一书中，她也提及了这件事。"女人总是要把命拼上去的"，"腿上拖着根线头，像炸弹的导线一样……"惊骇自是少不了的，刻骨铭心的人生经历虽然不少，但这般惊骇的孕育经历不可比拟，这番经历也许以后不会再有。

这次的意外，让与张爱玲相处至深的夏志清颇有成见，他将所有不快全都抱怨在赖雅身上。这样的心情确实可以理解，"孩子对女人就像生命一样重要啊，张爱玲流产后真正是枯萎了！如果她有了一男半女，在以后寡居几十年中会给她带来多大的欣慰和快乐啊！"夏志清说得没错，从人性的角度来看，赖雅和张爱玲在这件事上着实是自私自利的，

无力承担抚养孩子的责任,才导致了张爱玲终生膝下无儿无女的状况。

又是一夜的温情相处之后,张爱玲离开了。生活困顿的赖雅拿不出任何礼物送她,而是张爱玲又给了他三百美元的支票,像之前一样,每次都是赖雅在接受着馈赠。其实,此时的张爱玲已没有了万千风光,她现在每次开销都要仔细盘算,可她偏偏要以这样的爱来接济他、安慰他,不知赖雅会有何感想。细虑过往,父亲残暴的记忆,以及此前经历的种种伤痛,使张爱玲一直都渴望能拥有最平实的呵护,现在在赖雅身上找到了。

浪漫的两地恋情,自然少不了彼此的相望。从后来的研究资料中可以得知,也多有人说张爱玲初来乍到,更需要的是尽快得到物资上的依靠,显而易见,赖雅肯定不是最合适的人选。她之所以不怠慢生命中的第二次婚姻,完全是因了这如同海浪般的父亲般的爱和依靠。爱来得太快了些,让这两个人还没有完全做好准备,就结伴携手步入了婚姻的殿堂。

这一刻张爱玲内心充满喜悦,不去想未来的路上是不是孤独和无助。

张爱玲不断用爱靠近着赖雅,就像紧紧依附大树生长的缠藤。她知道,赖雅是爱她的,只是这爱有时显得软弱无力。至少从眼下来看,赖雅更习惯一个人无拘无束地活着,不去考虑以后的生计,而飘忽不定的生活,又怎么能够为张爱玲提供遮风挡雨的保障呢?

无论是命运的安排，还是生活无情的捉弄，经济上的窘状是张爱玲一时无法解决的，年龄不济，又无积蓄，一系列的矛盾随时等待着爆发。唯一欣慰的是，两颗遭遇太多坎坷的心在这样的幸福中，又重新感受到了平静。

　　此时此刻，张爱玲以对生命的无比热爱，在努力对抗着孤独无助的心绪。看着那堆在一起的少而又少的行李，绵延两地的思念总算要结束了，似乎新生活的希望要来了。这样的选择，貌似对张爱玲来说并非坏事，可生命中带来的，似乎更多是负累。生活是潘多拉的魔盒，谁能知道打开之后面临的是什么呢？

　　时光无法逆流，只有祈望幸福长久。君生我未生，我生君已老，恨不生同时，日日与君好。张爱玲并不是满足于爱情的人，不管怎样，她还是把所有心思都集中到婚礼上。这场婚礼，让两个人都努力寻找着幸福的真谛。

　　至于生命中的阵痛，她不愿意去多想了。

## 人间烟火

年龄悬殊,似乎不是太大的问题。

从爱情角度而言,生命中该来的都会出现,该发生的也无法避免。有人对男女爱情做过精辟的解说:"一个人如果没空,那是因为他不想有空,一个人如果走不开,那是因为不想走开,一个人对你借口太多,那是因为不想在乎。"张爱玲在她最好的岁月就精准地写出了恋爱男女的心迹与思绪,也让她在寻找爱情的进行中对难得的温暖感受颇深,也在新的婚姻生活中全身投入。

"爱情使人忘记时间,时间也使人忘记了爱情。"为了彼此的相守,他们甚至激动得连一纸婚契也没有。总之,他们结婚了。

一个是临花照水风情万千,一个是风烛残年青春不在。眼前的这位老人到底有什么魅力和不同呢?能给自己需要的生活吗?曾经渴望的"岁月静好,现世安稳"能实现吗?

谁的人生没几段难忘的感情呢？不论有着怎样的开始，终会在流年中日渐淡然，成为人生一抹不可或缺的柔情。

如果说，与桑弧情感上的无疾而终，如花一样带来了芬芳，那菱谢的只是张爱玲。赖雅不失时机的出现，又一次让她葳蕤绽放。在张爱玲冷静而疏离的目光中，注定要以传奇的方式抒写出独一无二的人生。

8月18日，在彼此认识半年之后，这场异常简单的婚礼开启了他们人生的另一番旅程。张爱玲内心坦然又满足。寥寥的祝福声中，两人又欣喜地踏上了纽约之行的旅途。赖雅二话没说就从小镇搬到了城市生活。与此同时，张爱玲也将这件喜事告诉了远在英国的母亲。

在别人看来，这个草率仓促的婚姻，似乎过于游戏人生。在彼此的岁月山河里，并不孤单的携手，只有见证过的人才懂，炎樱仍是张爱玲这段婚姻的见证人，自然明白这些道理。张爱玲在赖雅眼中如珍宝一样让他爱不释手，而她那一本本厚重的作品集也让人忍不住探究。不同风格的作品让人读上千遍也不觉厌倦，真正要去深入探索时，她的种种却成了谜。炎樱更关心张爱玲能否找到幸福的归宿。在接到婚礼的邀请后，欣然前去见证这一段老少姻缘。人来人往的路上，她只希望这份感情不会成为张爱玲人生中的记忆划痕。作为闺蜜，炎樱的出席也带着伤感，在这场"算不上明智，只有热情"的婚姻中，她不明白张爱玲的人生中，为何会有如此之多的波折。

炎樱此前也见证了张爱玲与那个男人的婚姻。如果说，那次的结合

## 第六章 新梦愁风雨

是源于内心的火热，是无法抹去的情结。那么这次，纯粹是要以温情来抵御岁月漫长。炎樱始终在"明光无涯，遇见有时"中陪伴着张爱玲。她见证了一生流离坎坷的张爱玲，见证了前半生孤高华丽想求一个家而不得的张爱玲，见证了后半生漂泊异域只求简单生活的张爱玲。她也多次出现在张爱玲的笔下，加深了读者对这位才女的了解。

张爱玲也把结婚的喜讯告知了母亲，黄逸梵听后心中自是唏嘘不已，但她仍替女儿高兴。黄逸梵实在太了解女儿的性格了，虽觉造化弄人，但女儿在异国他乡有个温暖的依靠，也是好的。想着自己到头来也是漂泊一生，只能在孤苦伶仃中感受着人生的各种伤痛。

赖雅之前有个女儿，名叫霏丝，张爱玲和她年龄相仿，开始时张爱玲一直试图处理好和霏丝的关系，却总无功而返。于是她将心思全部倾注在赖雅身上，给他全身心的关爱。

婚后生活虽平淡无奇，却充满温馨，他们一起去纽约进行了一次蜜月旅行，享受这新婚的喜悦，日子也是云淡风轻，无比惬意。

婚后两个月，大概10月左右，赖雅的身体出现了意外状况。突发性的中风，严重地威胁到了他的生命，生死的关键时刻，张爱玲给了他活下去的勇气和希望。

虽然病情有所好转，但身体还是出现了偏瘫，这让手脚无力、言语不清的赖雅在精神和生活上更加依赖张爱玲，他就像一个失落无助的孩子，亟须有人来呵护。这次生死劫难带来的恐慌，让张爱玲实觉人生苦短,也加倍地珍视当下的幸福。他们在一起居无定所、生活贫寒,为了生活,张爱玲只有不停地创作,用稿酬来养家。

夜长昼短,诸多无常让张爱玲更加谨慎细微。有时,她也会对未来的路心生困惑。倘若时光是一指流沙,流走的何止是岁月呢?张爱玲绝非随意地找一个人,她能毫不犹豫地爱上赖雅,说明在她眼里,"一个知己就像一面镜子,反映出我们天性中最美的部分"。因为爱,张爱玲把自己完全放任在了爱情中。

很快到了38岁生日那天,赖雅为张爱玲开了一次生日晚会派对。

夜色中凉风习习,星光闪闪。烛光下,两人相扶着携手祝福,酒香肆意,花开鲜艳。张爱玲猛然发现,她已许久没有体会过这般浪漫了,人生路途颠沛流离,时光让她遗忘了太多。一边是无尽的夜色,一边是温情的目光,泪水无声滑落,两人更是心心相印了。

久病的赖雅也沉浸在这样的氛围中,回想因文学相识的时候,他就对这位东方女人情有独钟。现在终于走近了她,发现生命竟如此斑斓。那夜,他们长谈许久,规划人生,畅想着未来的生活。

繁杂的世间,如同手掌上交错的纹路,让人无法猜测命运的走向。无法参破的机缘,说不清,道不明,却又满含深情。总之,他们相互携手,人生的美景便定格了。

这时,一阵紧张的敲门声传来,几位联邦调查局的派员就赖雅欠款一事来进行调查。这样的尴尬情形下,赖雅只能寄希望这些人不要破坏了简单的生日餐会。

还好,这些人很快就走了。他们又继续攀谈,在青豆、肉丝和米饭中,满足地笑出了眼泪。风漫过窗台,裹挟着前世今生的记忆。从张爱玲一系列文字中,能见到与赖雅有关的文字并不多,细心想想,这应当是件十分蹊跷的事,可生活就是这样,能留下的都会成为记忆。张爱玲本是激情充沛的人,"她有一颗吉普赛的心,一棵大树的命。"她不曾被时代洪流裹挟的人生,底色却是悲凉的。

明灭生辉的烛光下,无法看清的是爱情。不用去想黑暗里的无比惆怅,不用去想尘封下的人生离愁。作为平生最快乐的一次生日,这场相遇,怎么能说是飘过四季的缱绻呢?

爱情是怎么回事?是床前明月光,还是心口的朱砂痣;是墙上的蚊子血,还是衣襟上的饭粒渣。

结婚之前,赖雅没有隐瞒他生活上的拮据,坦诚把这些告知了张爱玲。赖雅中风之后没多久,他们又搬到了加州居住,生活环境得以改善,但他的病症却好似更严重了。生活的困窘困扰着张爱玲,让她必须得独自承担家庭的全部。赖雅对于张爱玲的依赖越发严重,甚至时刻都无法离开。但张爱玲必须要出去寻找赚钱的机会,以应对每日开销,而她唯一的生计来源只有写作。眼下每月50美金的费用,根本就无法维持抓药、看病等家庭的正常开销。

白天,要服侍赖雅的生活起居,只有到了夜里,张爱玲才能放松身心在灯下写作，她克服着常人无法想象的困难，夜以继日地忘我创作着。几乎无人知道，张爱玲为写小说《粉泪》如何呕心沥血。她自己也对此抱着很大希望，遗憾的是书并没有如期出版。此时的张爱玲在创作上虽有起色，却不比曾经惊艳上海滩时的辉煌。

自从英文小说《粉泪》被拒绝出版后，备受打击的张爱玲终于无法支撑，开始生病卧床不起，甚至想到了放弃写作。赖雅的病情在逐渐加重，所有坏情绪都纷乱地缠绕在一起，压得她几乎喘不过气来。她知道，自己经济上虽不甚宽裕，好在还有宋淇夫妇这样的知心朋友，一直在尽力帮助，才暂时缓解了沉重的生活负担。

现实的压力让张爱玲的梦想似乎黯淡了，但想到港台和大陆还有不少真诚的读者时，她才渐渐地满血复活了。一个多月的休养后，张爱玲离开病床再次走向书桌。文字是她的挚爱，也是她的宿命。

随着小说《北地胭脂》结稿，张爱玲才长长地舒了一口气。那天，她内心喜悦忍不住把这事告诉了赖雅，并在家里小小庆祝了一番。书稿交给出版商后，接下来就是漫长的等待。这时张爱玲结识了女画家爱丽丝·琵瑟尔，她们一见如故，也都对绘画有着浓厚兴趣，很能聊到一起。在这纷乱的世界里，不喜社交的张爱玲能够主动结识朋友，似乎不多见。随着交往的深入，两人还会时常相约去感受唐人街上的风情，或去感受秋天微风下晃动的金灿灿的树叶。

没多久，她又将琵瑟尔介绍给了赖雅和炎樱。地域风情的差异，

# 第六章 新梦愁风雨

给生活增添了些情趣。张爱玲的思绪似乎回到了十年前，上海滩烟云迷蒙，涛声四起，远远地就能听到高楼顶上的钟声。那时无忧无虑地生活着，可以写作、散步、画画，可以去感受十里洋场的繁华胜景，可以嬉笑着品评卷头发的红鼻子老外。这一切都在生活的奔波中消失殆尽。

与琵瑟尔的结识带给张爱玲难得的感受，她又萌生了生活的乐趣和写作的动力。而《北地胭脂》偏偏这时又被出版商无情退回，似乎刚树立起的一丝自信也被扼杀了。

得失随缘，心无增减。只要能放下心中的想法，这些又算得了什么呢？可张爱玲偏偏无法放下眼前这一切。文字是她的命，或许因了"文章千古事，得失寸心知"的提法，让她无法用正常的心态来面对。

生活的窘迫，心情的压抑，都无情地折磨着张爱玲，正当她忐忑不安之际，一直盼望的绿卡突然批了下来。想想，这也算是等待中的快乐吧，至少又让人看到了一丝春天的气象。

春天要来了，张爱玲不适的身体也日益见好，只是经济上的沉重又催促着她想出去走走。这决心是为了爱，她知道，只有翻过沉重的一页，新的生活才会来临，她决定跨过命运这道门槛，走出去。

来来往往的车开动着，不知是终点还是起点。有人不断地上来，又有人不断地下去，所有的来去都消散在风雨之中。有人说，挤挤才是不放弃，才是真正的开始。

但愿是这样吧！该去的都会去，就像该来的一定会来。

## 出走计划

为了创作,也为了生计,张爱玲有了想回香港寻找出路的想法。另因她此时正在构思一部关于张学良的传记小说《少帅》,所以想先到台湾去收集相关资料,然后再去香港。人生似乎就是不断地出走,而这样浮萍般的辗转,对张爱玲来说,已经是一种习惯。

为经济上能够有所好转,也希望为自己的写作梦想打开出路,她必须做出这样的选择。可是摆在眼前的问题层出不穷,都需要她考虑。自从赖雅再次中风,他身体状况大不如前,起居住行都要有人照料。她离开后,生病的赖雅该如何生活呢?可是如果不离开,他们靠着微薄的稿酬和当掉母亲留给自己的首饰、古董又能挺过多长时间呢?这些生活里的点点滴滴,都是张爱玲心头难以抹去的阴影。

虽然张爱玲这一时期创作了《情场如战场》《六月新娘》《人财两得》等剧本,这些作品的稿酬支撑了他们的生活以及医药费等。然而,持续的开支,经济状况仍然不容乐观,甚至在得知母亲去世的消息时,拮据的张爱玲都没能去英国送母亲最后一程。

黄逸梵去世后,留给张爱玲一个装满首饰、古董、老照片的箱子。赖雅在日记中写道:"当箱子被打开时,整个房子充满了悲伤的气息。"可以看出张爱玲对母亲的复杂情感。生活困难时,张爱玲开始用母亲留下的首饰、古董来补贴家用和维持生计。每次当卖,都好似又与母亲经历了一次离别。再一想到自己的文学之路,越来越看不到希望,张爱玲内心不免悲戚。这样的处境,反而坚定了她要出走的心。经过一段时间的反复考虑,张爱玲还是对赖雅说出了内心的想法。

这么长时间的相处,他们都尽量让家充满欢声笑语,尽情享受着这相濡以沫的爱意。在张爱玲眼里,赖雅有东方人的儒雅,也有西方人的浪漫,虽然他们生活清贫,但他总是想方设法给张爱玲制造浪漫。赖雅也很满足这样的生活,每每含情脉脉地看着张爱玲时,他又何尝不为此感动呢?这是张爱玲可爱的一面,更多的是对爱的甘愿付出。这又何尝不是东方女性之美呢?东方的唯美和西方的人生观巧妙地融合在一起,更加凸显出张爱玲的人生魅力。也许爱就是如此,是生命对于生命的信任,是情感碰撞出来的真挚。也正因为这般柔情的依恋,旧金山生活的闲散自在,赖雅不想让张爱玲远行。

可以想象,此时的赖雅十分依赖张爱玲,他需要她的呵护和关爱。研究张爱玲的资深学者司马新说:"张爱玲在美国已经住了六年,做了五年赖雅太太，此时二人关系发生了逆转。在这段生活的开始阶段，她在这片新大陆中既孤独又无措，就靠赖雅对她指导。年复一年，她已逐渐判明了自己的方向，依赖性也随之减少；相反，赖雅当初对结婚并不热心，可是如今在感情上和经济上却离不开她……反而依赖她的抚养和支持了。"婚姻生活的开始是浪漫的情感扶持，而更多的是琐碎的日常，是平凡的一蔬一饭、看病吃药，是妥协和容忍。张爱玲的一生不只满足于爱情，文字是她内心深处最踏实的皈依。在某种意义上，她为文字而生，可目前她在文字上的困境却让她痛苦万分。

迷茫之时，她总会想起过去也曾深处低谷，那时她鼓起勇气拜访胡适先生，先生的一番中肯评价，让低谷中的自己深受鼓舞。那段经历让人无法忘怀，甚至能给现在的自己带来力量。在文字的世界里，张爱玲有着山一般的意志、坚韧和不甘。虽然目前面临频繁退稿的处境，让她内心黯然，但同时更激发起一股雄心，让她变得强大。张爱玲更坚定了此后余生，要在精神上出人头地。这便更坚定了她的出行计划。

但是生活并不是一帆风顺的行船，总有一些事情不能尽如人意。张爱玲不善交际，也一直把琐碎的应酬视为生活中最难忍受的事，但赖雅却"对人际关系的渴求简直到了太过分的程度"，这便无形中挤压了张爱玲的写作空间，种种不适也像桎梏般令她发疯。再者，赖雅女儿霏丝虽与张爱玲年龄相仿，却并未对这位继母的出现感到欣喜，有的只是惊讶，是出于礼节的握手。这个曾经上海滩风靡一时的女作家，以继母的身份照顾着体弱多病的赖雅。每次见面,不善交际的张爱玲都要打起十二分的精神来对待,霏丝虽然会客气回应,但仍然疏远。

张爱玲的作品中,有不少描写继母的文章。不知她对继母怀着怎样的情感,如今主角换成了自己,不知张爱玲内心又是如何的曲折离奇。受生活和人际关系的影响,张爱玲的情绪变得很糟糕,身体也出现了一些问题。张爱玲的视力严重下降,而且还成天发红,时常迎风流泪。她只能频繁地去约看医生。

除了病痛与贫穷,可以说张爱玲和赖雅的婚姻生活也充满了温馨,而这温馨,来自有心。在这温柔的爱里面,生活琐碎的痛苦似乎都不算什么了。赖雅对张爱玲的爱,其女儿霏丝是这样表述的:"他对她的爱是全无保留的爱。"在准备行程的这段日子,他们更是相互依恋,彼此安抚。

此番情景下,赖雅更是不忍离别。面对着垂头丧气的赖雅,她紧紧地拥抱着眼前这个男人,在耳边悄悄地说:你若不离不弃,我必生死相依。风烛残年的赖雅,生病后只能借助于轮椅出行,当初的美好,已消耗在无休止的病痛中,压抑始终让他害怕张爱玲的离开。

思虑再三,待赖雅病情稳定后,她决定把赖雅暂且委托其女儿照料,同时留下了一些钱财后,准备离开。

离别的日子一天天临近了,出发前几日,张爱玲给霏丝写了封信,内容不长,却温情满满,大意是希望赖雅能到女儿家暂住一段时间。可她柔弱不堪的内心犹如打翻了五味瓶，各种滋味杂陈。信投出后，她的心才稍微坦然一些。赖雅最终也尊重张爱玲的选择，也给女儿写了封信。

霏丝对继母张爱玲的请求十分理解，收到信件后很快赶了过来，也没有太多的话说，只是用手轻轻地抚摸着父亲花白的头发，附在耳边让他学会祝福，不管是现在还是以后。

也许每个人终将是生命里的过客。如果说，这样的行走是为了远处的风景。那么走再远的路，在别人眼里也还是风景。张爱玲静下心来回望，恍然之中，只是觉着时光如指缝里的流沙，以为自己走了很远，以为离家就是长大，以为展翅了就是天下，可真正回头去看时，才知道自己依然站在原处。当年进入她生命里的第一个男人，曾给予了她太多的甜言蜜语。这些年过去了，早已物是人非，而人却始终恍如梦中。而眼下这个男人，却给了她最踏实安定的幸福，让她的心彻底柔软下来。也是透过赖雅，张爱玲才深刻地意识到：真正的爱情不纯是欲望等等的交织，也不是互相需要，而是相濡以沫、包容理解等美好的糅杂。

临行前夜，两人几乎一夜未眠。指缝太宽，时光太瘦，要分别的时刻终于要到来了。虽然身体的疼痛难以忍耐，也不及要离别的心，赖雅仍带着诸多不舍执拗地要去送她。

往事浓淡，色如清，已轻；

经年悲喜，净如镜，已静。

# 第六章 新梦愁风雨

1961年10月的一天，霏丝推着赖雅专程去了机场送别张爱玲。路旁盛放着大片大片的花朵，五颜六色的花儿映衬着纯粹的蓝天白云，让人越发心驰神往起来。赖雅的眼里全是不舍和牵挂，似乎连这最美的景致也要留住即将远行的人，不由让人想起白居易的诗来。

> 十月江南天气好，可怜冬景似春华。
> 霜轻未杀萋萋草，日暖初干漠漠沙。
> 老柘叶黄如嫩树，寒樱枝白是狂花。
> 此时却羡闲人醉，五马无由入酒家。

这次，赖雅不再阻止和哀求，而是目送她上了飞机。他答应张爱玲会照顾好自己，可一转身，她又分明看到了这个男人眼角掉落的浊泪。想当年，那个男人身陷温州城中，她只身前往，丝毫不顾及兵荒马乱，也没有在乎流言蜚语。而今，她真的没有了千里寻夫的气概，只能任凭一腔孤勇，踏上寻求生计的路途。直到飞机跃入了云端，她那颗坚硬的心还在惦念着赖雅。

# 浮生若梦

这是张爱玲离开香港后的第一次东方之行。

在美国驻台领事馆文化专员麦卡锡的安排下,张爱玲终于踏上了中国台湾这座"边城",依照行程安排,她这次来台主要是想搜集创作素材,采访少帅张学良本人,然后再转机去香港。

许久没有这般轻松了,她被眼前的一切打动着,路边的一花一草,大地天空,都有着说不出的亲切感,让她心情愉悦。张爱玲走进麦卡锡在台北阳明山公园附近的别墅,受到了麦卡锡夫妇的热情款待。

1961年10月14日,麦卡锡夫妇为张爱玲设宴欢迎,张爱玲也受到了台湾粉丝的热情欢迎,这些年的岁月激荡,让张爱玲的作品在台湾大受欢迎,备受瞩目。好多热爱文学的读者听说张爱玲要来岛的消息,纷纷从四处赶来看望,表现出了近乎狂热的追捧,就连当地的著名作家白先勇、王文兴、王祯和等人也赶来会面,竟掀起了一股不小的轰动效应。

当时，白先勇、王文兴、陈若曦等人在办《现代文学》杂志，麦卡锡作为台北美新处处长很喜欢文学，《现代文学》出版时，他就订了700本以助力宣传，所以白先勇等一行人也被邀请参加张爱玲的欢迎宴会。

张爱玲的出现，让他们眼前一亮，王祯和印象深刻，"干干净净的，一点都不胖，虽然不是顶漂亮，却是'可看性'很高。说话很轻，讲英语，语调是慢慢的。"那几日的报刊上，几乎都大篇幅报道着张爱玲的行踪。这样的气氛让张爱玲出乎意料，让她从这番热情中感受到了文学的力量，也全身心投入与读者的互动中。身处众星捧月的环绕中，张爱玲又重新感受到出名所带来的荣耀，回想起多年前上海滩的盛景。

张爱玲读过王祯和的小说《鬼·北风·人》，对里面花莲的风土人情很感兴趣，来之前特别写信给麦卡锡希望到花莲看看。所以欢迎宴会结束后，第二天张爱玲就在王祯和的陪同下出发了。

张爱玲在花莲住了一个星期，参观酒家，去了花莲最古老的城隍庙，参加了阿美族的丰年祭，等等。一路的风土人情，让她心情大好。这一切都成了王祯和日后最珍视的记忆，他形容这段经历"看到了张爱玲青春的一面"，"她那时模样年轻，人又轻盈，在外人眼里，我们倒像一对小情人。在花莲人眼里，她是'时髦女孩'，因此我们走到哪里，就特别引人注意。我那时刚读大二上学期，邻居这样看，自己好像已经是个'小大人'，第一次有'女朋友'的感觉，喜滋滋的"。

## 第六章 新梦愁风雨

　　花莲的一切风物，在张爱玲眼里是那么自然有生命力，让她沉浸在这种几乎超经验的美好感受中。生命中那些羁绊她的沉重的负担，此时都变得轻飘飘的，离她远去了。美好不可方物，大概就是如此。

　　花莲之旅结束后，原计划去台东、屏东，到屏东参观矮人祭后，搭金马号到高雄，再回台北。谁知张爱玲才到台东，就接到了她丈夫赖雅中风的消息。短暂的快乐很快便阴云密布。她只得取消行程，赶搭时间最近的金马号汽车到高雄，从高雄搭夜车直赴台北。一周的仓促台湾行，让张爱玲欢快轻盈的心还没有完全满足，又要面对无休止的纷乱。

　　人生就是这样不近人情，突如其来的悲伤让张爱玲心绪不宁。此时此刻赖雅是最需要她的时候，她恨不得立即回到他身边去守护他。可是此时的张爱玲连张返程机票也买不起，她再三思量，决定先放弃回美国。此次回国，本就是为了他们共同的生活也为自己的梦想谋出路，现在出路尚未着落，且无有所成，如果就这么贸然返回的话，岂不是一场空忙。思前想后，她也只有咬紧牙关先去香港，以寻找合作的出路，这样才是长久之计。

　　机窗之外又是茫茫白云，她内心有太多伤感。一方面牵挂赖雅，一方面又自觉前途无依，冥冥之中寄希望于缥缈的云朵，能够将生命中那些悲苦、苍凉，幻化成云烟。灵魂的漫漫长夜，终将被光明取代。

　　张爱玲离开香港，屈指可数已六个年头。直到见到了宋淇夫妇，她的脸上才表现出了会心的笑容。彼此已太熟悉，没有太多寒暄，就不约而同谈到了共同合作的正题上。街市上的人海依旧万象纷纭，只是青春不再。宋淇的话并不多，大意是想请张爱玲执笔改创《红楼梦》的电影剧本，张爱玲不假思索地同意了。

《红楼梦》是张爱玲的心头好，她曾下功夫仔细研究过数十年时间。虽然这些年陆续创作了不少剧本，但能碰到这样有挑战的选题和稿酬，无疑让她心动不已。在她看来，《红楼梦》中的故事，分明如烟花般五彩斑斓，那奢侈的繁华、凄凉的悲怆，是救赎也是神往。考虑到等钱急用，便不及安顿好住处，就已经忘我地投入到电影剧本的创作中。

一边创作，一边也思念着大洋对岸的丈夫，在一起生活的场景，想起来都贴着心，不是梦一般的缥缈，而是踏实的烟火人间，"当他跟我住在纽约时，那尘世仿佛是我的，街巷也因此变成活生生的"。为着这笔丰厚的稿酬，更为照料这位身体多疾的丈夫，为了彼此更好的生活，她每天写作十多个小时。那盏灯分外明亮，映照出张爱玲的疲惫不堪。时间长了，她眼膜充血，腿脚浮肿，身体酸痛，以往创作的快感消失殆尽，只是生活迫使她不能放弃，她只能继续下去，曾经创作的骄傲此时都被一身负累所替代，她感到无望。越是负重前行，生活愈加真实，就像从身上褪去一层层皮，有伤痛，有回响。

不知从何时起，写作似乎就没有顺畅过，每每只要端坐桌前，闪现在眼前的总是生计、奔波、忙碌，她自己也深有感触地写道："我认为文人应该是园里的一棵树，天生在那里，根深蒂固，越往上长眼界越宽，看得更远，要往别处发展，也未尝不可以，风吹了种子，播送到远方，另生出一棵树，可是到底是艰难的事。"

除了写作外，她还要抽时间和赖雅通信，几场大病几乎摧毁了这个男人。命运多舛，让他无法抗争，只有接受命运给予的一切。

人生仓促，总有漂泊，步履匆匆，岁月长河。这样的爱，成了全然的相知相依。她眼前又浮现出了两人别离的情境。

"爱玲，我不能让你走，我是离不开你的。"

赖雅希望有人能留下来陪伴，也需要获得精神上的抚慰。可又能有什么好办法呢？张爱玲纤弱的手，轻轻地放在赖雅的身体上，用按摩来缓解他身体上的疼痛。

人生最难忘的也许就是分别，所以张爱玲即使身在香港，想到分离的场景仍是心意难平。

在香港写作期间，张爱玲没有任何关于赖雅病情的消息。她心怀内疚，即使伏案书写也满怀惆怅。当一封封信件如泥牛入海，她以为赖雅不愿理她，可当她仔细端详时，才发现慌乱中竟然写错了地址。一股无名的悲哀遽然间从心而起，任其在心中弥散。

每天的创作任务非常繁重，甚至连故地重游也没有时间安排。高强度的书写，不仅无法释放压力，随之而来的还有视力的急剧下降。为了节省不必要的费用，她连双合脚的鞋子都不愿买，在写给丈夫的信中，她说："自搭了那班从旧金山起飞的拥挤飞机后，我一直腿肿腿胀。看来我要等到年前大减价时才能买得起一双较宽松的鞋子……我现在备受煎熬,每天工作从早上十时到凌晨一时。"她一心想着早日拿到稿酬,回到病重的赖雅身边。

为了生存,张爱玲不堪重负。她要承受着赖雅对她的误解,还要面对着无比拮据的生活。度日如年的写作中,她确实连要死的心都有了。"我工作了几个月,像只狗一样",当她努力为最后一行字圆满画上句号的时候,《红楼梦》的剧本终于在心酸的情绪中完成了。原本想着可以好好放松一下喘口气,结果又要开始漫长的等待。

这次香港之行,她没有感到丝毫的熟悉与亲近,尤其是曾经那些殷勤的导演们,现在也都很漠然。从某种程度上来说,也许自己的与世隔绝与这个时代脱节太多,曾经属于她的辉煌的电影时代,早已在时光的流淌中成了历史。

她知道这些,却无力改变。只能一边尽力去修改稿件,一边等待着稿费。为了生活,生命已如此卑微,轻贱如蝼蚁。这些屈从对曾经高傲的张爱玲来说何曾有过,现在只觉着生活的无趣,一切都令人心痛。

剧本《红楼梦》几经修改,还是没有顺利通过,出乎张爱玲的意料。除了深深地刺伤自尊心外,几个月的付出无疑是打了水漂,分文无收让张爱玲的心情极为低落。本有着轻度抑郁的她,既要担心赖雅身体,又要纠结于剧本结构的修改,各种事情交错纠葛,让她心灰意冷。

为解决在香港的生活,张爱玲又放下了自己的尊严,她不得不向宋淇夫妇借钱，即便绝世芳华的孤高才女，在生活面前，没钱寸步难行。曾经的民国才女，此时人过中年，膝下又无子女，还要靠"讨生活"来养活美国的赖雅。

这种低头，可以视为张爱玲对人生的妥协，对自我生活能力的绝望，对自我创作才能的萎谢，也让这位临花照水的民国女子无情沦落了。那些时日，前所未有的疲惫不断地袭击着她，心情绝望地站到宾馆的屋顶上。月光如水，静静地泻满整座城市，从高处望下去，高低不齐的建筑像泛着冷光的冰凌，端直地横插在地上，再往远处望去，皎洁的圆月也不再神秘浪漫，连光也闪烁着阴冷凄凉。

在借钱这个问题上，宋淇夫妇确实也没有太多的想法。从这些年的接触来看，他们无疑是懂张爱玲的，唯一担心的只是怕出手相助，会不小心伤及她敏感的内心。

要不要回美国，让张爱玲犯难；要不要去接济，这又是宋淇夫妇的头痛之处。宋淇怕等待《红楼梦》稿费期间，浪费了张爱玲的时间，于是婉言建议张爱玲修改《红楼梦》剧本期间，安排创作另一部剧本《南北一家亲》，稿酬为800美元。

钱似乎不多，却足以帮助张爱玲和赖雅生活四个多月。

张爱玲只是点头应允。那一刻，她以前的傲慢再也找不见了，剩下的孱弱连自己都讨厌。送别宋淇夫妇后，她重重地关上了那扇沉重的门，只想用泪水来洗刷所有的委屈。望着洁白的墙壁，她突然感觉宋先生此人太不仗义，关键时刻竟然都不愿出手相助。"他们不再是我的朋友了。宋家冷冷的态度令人生气，尤其他认为我的剧本因为赶时间写得很粗糙，欺骗了他们。宋淇告诉我离开前会支付新剧本的稿酬。"这件事似乎让彼此的隔阂越来越深，身处这种特殊的环境，张爱玲始终觉着自己的判断是正确的。

其实，宋淇夹在张爱玲与影视公司之间，有着自己的难言之隐。如果说，是他不经意流露出的些许质疑，不小心刺激到了张爱玲的敏感神经，那么由心而起的苍凉，则有着她对这个社会以及周围朋友的成见与不适。

或许真是时运不济，张爱玲提前完成的新剧本，竟然又一次没有达到公司的要求。她又一次在信中说："暗夜里在屋顶散步，不知你是否体会我的情况，我觉得全世界没有人我可以求助。"夜，已然有了些许凉意。她一个人静静地站着，在无人的空寂中与月相望对视。张爱玲要绝望了，大脑中一片空白。现在唯一能给予安慰的，只有赖雅和他少得可怜的信件，支撑着她不停地写着。

也许每个人的经历都是传奇，在人生的最后阶段，张爱玲又选择了重新信任宋淇夫妇，并把所有遗产留给了他们。究竟是想雪洗香港的所谓耻辱，还是后来懂得了朋友的相处之道？不管如何，有过这次隔阂之后，张爱玲终生都与他们夫妇保持着密切联系，并通过彼此的多次合作，来换取用于生活的稿酬。

大约在5个月之后，张爱玲从香港飞回了美国。在机场见到赖雅的那一刻，亲近感遍布全身，连空气都充满着温暖。张爱玲不再去想香港的际遇，她迫不及待地奔向了那个男人的怀抱。

深情的拥抱，冰释了所有的不快与担忧。

再见对方，内心的温情和安全感重又回来了。只是后来，赖雅病情加重，频繁中风好几次，最后瘫痪在床，衣食起居全凭张爱玲照料。她一边写作，一边照顾赖雅。可是那点微薄的稿酬无法支撑他们的生活，张爱玲打算出去工作换取一些稳定的收入。

在她一筹莫展时，迈阿密牛津分校招募驻校作家的消息给她带来了一线希望。可是因无法兼顾照料赖雅生活，又不去了，几乎足不出户地守在赖雅身边，期间张爱玲还申请到了洛克菲勒基金会的支持，将《海上花列传》翻译成英语。1967年在夏志清先生帮助下，张爱玲成为哈佛大学雷德克里夫女子学院的驻校作家。1967年4月，张爱玲带着丈夫去了麻州剑桥，在一家公寓安顿下来。

半年后的10月8日，在张爱玲的陪伴下，赖雅安详地辞别了人世。

赖雅死时76岁，张爱玲时年仅47岁。此后，她索性将名字改成了爱玲·赖雅，并一直以"赖雅太太"自居。自这以后，她再未与任何男子有过情爱，现世安稳的爱情她大概已经不需要了。

1995年中秋，张爱玲在洛杉矶的公寓辞世，去世那年，她75岁。

人老了大都是时间的俘虏,被圈禁禁足,它待我还好——当然随时可以撕票。一笑。

## 第七章 总是离人泪

生命苍凉
时光寂寞
岁月静好
远避尘嚣

## 远避尘嚣

赖雅去世以后,纵使外面世界如何纷繁,张爱玲内心自是一种见遍繁华的零落,保有一种偏安一隅的自洽,越发把自己与这个世界隔绝开来。往事前尘如在梦中。

春花看过,冬雪走过。灵魂平静,心无物欲,连孤独也是从容的,此时的创作也更心无旁骛,创作带来的喜悦也愈加纯粹。

早在1961年,美国哥伦比亚大学华裔教授夏志清的《中国现代小说史》英文版出版,他第一次让张爱玲进入中国文学史,并高度评价了她的文学成就。夏志清说,张爱玲是今日中国最优秀最重要的作家,又称《金锁记》是中国从古以来最伟大的中篇小说。这样的见解在港台及大陆文坛再次引发了一股"张爱玲热",华文文坛开始重新认识张爱玲。夏志清和张爱玲关系密切,张爱玲也对夏志清信任有加。

张爱玲掀起的文字风暴,让整个社会都津津乐道。台湾的皇冠杂志社、皇冠出版社的负责人，亦是著名女作家琼瑶的丈夫平鑫涛，先前就从宋淇那里听闻张爱玲大名，先后数次联系张爱玲，就在台湾重新出版其作品进行协商。张爱玲也甚为欣喜，和皇冠出版社的顺利合作，先后出版了《怨女》《流言》《半生缘》等作品，在台湾引起巨大风潮，优厚的稿酬让张爱玲在美国的生活质量得到了极大改善。

1969年3月，夏志清主持一个专题小组，张爱玲前来捧场，庄信正也来参加。庄信正是张爱玲的忠实读者，1966年曾在中西文学关系研讨会中与张爱玲有一面之缘，之后也多有联系。在美近40年，张爱玲深居简出，极少与人来往。自1966年起，凡工作、搬家等重要事宜，都托由庄信正代为处理，写给他的书信多达84封，信件内容或长或短，或谈工作变迁及交办事项，或诉说阅读心得与生活近况……可以说与张爱玲"半师半友"的情谊，也十分可贵。

1969年7月，庄信正要离开伯克莱加州大学东方语言学系前往洛杉矶任职，走前向时任系主任的陈世骧推荐了张爱玲。张爱玲受邀被聘为加州伯克莱大学中国研究中心的高级调查员，庄信正为她在伯克莱找了一间公寓。

此后的时间，张爱玲一边工作，一边翻译《海上花》和写作《红楼梦魇》。因不喜交际，对维系人际有着一种近乎天然的惶恐，加上后来她越来越安享于自己的小世界，身外人事于她已无惊无扰，对于外在的欲望世界，已无再多渴望，孤独地在自己的世界里享受精神的愉悦，反而归于了一种平静。"我常常觉得我像是一个岛",世间纷扰,甚至在大洋彼岸重新掀起的文学风潮也不足以在她心底激起任何波澜。

她基本已不见外客。王祯和的好友水晶先生,也就是台湾作家杨沂却十分幸运。曾经好友王祯和带张爱玲去花莲时,他因故没有见到她,此时却有机会在异国相见,实有光阴流荡之感,内心激动。他在《夜访张爱玲》中描述了初见张爱玲的状态,"她微扬着脸,穿着高领圈青莲色旗袍,斜着身子坐在沙发上,逸兴遄飞,笑容可掬……她的笑声听起来有点腻搭搭,发痴嘀嗒,是十岁左右小女孩的那种笑声,令人完全不敢相信,她已经活了半个多世纪。""她的起居室有如雪洞一般,墙上没有一丝装饰和照片,迎面一排落地玻璃长窗。她起身拉开白纱幔,参天的法国梧桐,在路灯下,便随着扶摇的新绿,耀眼而来。远处,眺望得到旧金山的整幅夜景。隔着苍茫的金山湾海水,急遽变动的灯火,像《金锁记》里的句子:'营营飞着一窠红的星,又是一窠绿的星。'"

"她很像一只蝉,薄薄的纱翼虽然脆弱,身体的纤维质素却很坚实,潜伏的力量也大。而且,一飞便藏到柳荫的深处。"从这些文字中可以知道,他该是多么熟悉张爱玲。一只蝉和一个人,在某种程度上又何其相似。张爱玲这只始终舞动着翅膀的鸣蝉,纵然是深藏树荫深处,也沉默着积蓄力量,静观世间悲欢离合,天地人事的苍凉也尽入眼底。她像蝉一般孤独地附着在高高的树干之上,没有任何需求,吸纳清风雨露,不知疲倦。一经动荡,就会消失得无影无踪。

## 第七章 总是离人泪

杨沂在写给夏志清的信中,说张爱玲"眼睛也大,清炯炯的,满溢着颤抖的灵魂"。而张爱玲在写给夏志清的信中却多是生活奔波之态,"天天上午忙搬家,下午远道上城。有时该回来已经过午夜了,最后一段公交停驶,要叫汽车,剩下的时间只够吃睡……"这两段文字的鲜明对比,一个充满了雅趣,一个却是携带着生活重负,来回奔波于躲避和生存中。这些并不为"张迷"们所知。

"高蝉多远韵,茂树有余香。"这种生命的鸣唱,并非人生的张扬,而是深邃夜空中的那弯新月,在缕缕枝叶的颤抖中,独享幸福。张爱玲以深居简出的生活,来表现她对于人生的态度,静看花开花谢,聆听生命蔓延的清香,这分明就是人世间最为动听的妙韵。

1973年,她辞去了加州的工作,去了洛杉矶。自此,张爱玲终生未曾离开,在这座繁华纷扰的都市,静守内心。

笔下的文字世界,形成了一个温暖的港湾,将她包裹,在这个世界里,她深谙市井人生,看透浮华,写尽世故。

在美国洛杉矶,她仍是在庄信正的帮助下,在一处公寓安顿下来。"最好还是当我住在老鼠洞",她对自我世界的用力维护,让人不免觉得"不近人情",但是作为老友,几乎都无条件地尊重她。公寓里分外静谧,只偶尔会有电视的声音。她在这一方个人的小天地里,创造了一个只属于自己的乌托邦,任由外界猜测,她皆不以为意。

与曾经属于她的大紫大红的时代相比,也许外人看来多有物是人非之感，沉浮缥缈。她这样发乎于心的选择，也许是对俗世繁杂的漠然，亦是对远去往事的放逐。就在这样的放逐中，她完成了《海上花列传》的英译本，同时耗费十年心力创作的《红楼梦魇》也于1977年8月由皇冠出版社出版，很快11月就已再版。"十年一觉迷考据，赢得红楼梦魇名"，真是她痴情红楼的真实写照。

有时世间确实奇怪，越是想获得宁静，却总是事与愿违。那些素未谋面的读者们，对她的好奇也是与日俱增。"她不是笼子里的鸟，笼子里的鸟，开了笼，还会飞出来，她是绣在屏风上的鸟，——悒郁的紫色缎子屏风上，织金云朵里的一只白鸟。"这只离群索居的白鸟定是下了决心，虽然有着对爱的留恋，却要一如既往对身边人视而不见。为避免生出误解，她只好不断地变换居所来隐藏自己。不论她如何反感和躲避，前来追逐和膜拜张爱玲的人并未因此驻步不前，相反，这样的逃避更加吸引着众多人的兴趣。

这些年，世外的反复变幻她不关心，只是一直频繁搬家，似乎搬家已逐渐成为她生活的全部。而每次搬家都是叨扰庄信正。后来，庄信正要离开洛杉矶去印第安纳州，于是便委托自己的好友林式同照顾张爱玲。林式同心善质朴，是一个建筑师，不太了解文学，却对张爱玲十分尊敬，记忆中的张爱玲也令人印象深刻，"一位瘦瘦高高、潇潇洒洒的女士，头上裹着一幅灰色的方巾，身上罩着一件近乎灰色的宽大的灯笼衣，就这样无声无息地飘了过来"。这些年里，林式同也和宋淇夫妇一样，没有任何怨言地帮助张爱玲。相信也只有这样的笔触，才能够让人从点点滴滴中觉着张爱玲的变化。

太多的关注，让读者把张爱玲想象成了难解的谜。于是，好多人为探寻张爱玲的生活，更是想出了千奇百怪的办法。台湾女记者戴文采是其中一位，她为了拿到独家新闻，开始寻找各种理由要采访这位老人。只是这些带有明显功利企图的接近，屡次都让张爱玲及时回绝。

戴文采自然不愿放弃这个炙手可热的选题，她又使出浑身的解数，再次找到张爱玲，并在其隔壁租房住了下来。

一个月的时间里，费尽心机的戴文采非常遗憾，她只见过一次张爱玲，还只是张爱玲出来丢垃圾，而这让蹲守许久的戴文采像发现了新大陆，欣喜若狂地用脸贴着玻璃仔细观瞻，生怕不小心就会惊飞了这只"敏感的蝉"。确实，在经历了数次的拒绝后，戴文采能有这样的收获应该感到满足，可她偏偏又心生歧想，竟然把垃圾桶里的垃圾全搬进屋里，从沾有血渍的软纸、糊了的煎蛋以及空牛奶盒子中翻出凌乱的手稿。

就这样，戴文采乐此不疲地挑挑拣拣，并凭借着蛛丝马迹的联系，拼凑出了一篇关乎张爱玲日常生活的文章。张爱玲为求安定，只能紧锁门户关闭自己。她的与世无争完全是一种避让，丝毫不会影响到周围的人，可她并不知晓隔壁有人在偷听偷窥，在私底下打扰着她平静的生活。这个心机深重的邻居，不但从垃圾堆中发掘着新信息，而且通过信息从中了解到张爱玲生活上的琐事，还想方设法联系到了她的好友，所有这些"收获",她都凭借想象一个不漏地写进文章中。同样是文字,有的是流露心迹,有的却是不堪入目。

没过多久,一篇关于张爱玲的独家文章开始见诸报端。她在《我的邻居张爱玲》一文中,以无比疯狂的"爱",用文字表现出了张爱玲晚年的生活现状,"她真瘦,顶重略过八十磅。生的长手长脚,骨架却极细窄,穿着一件白颜色衬衫,亮如洛佳水海岸的蓝裙子,女学生般把衬衫扎进腰里,腰上打了无数细褶,像只收口的软手袋。因为太瘦,衬衫肩头以及裙摆的褶皱线终撑不圆,笔直的线条使瘦长多了不可轻侮。"远观后的水月镜花,是戴文采如梦如幻般的书写,原以为这样的报料会吸引读者的眼球,结果却遭到了人格上的空前谴责。大家都不理解狗仔队的龌龊做法,为什么老要盯着这位满头华发的老人,最后,就连报刊的责任编辑也非常气愤,公开表达了对这种做法的无比愤怒,并坚决反对采取这样的伎俩来写张爱玲。

虽然这样,还是有文章在其他报刊上刊登,就在众多好友一片惊叹之际,张爱玲却已经挥展着薄弱的翅翼飞走了。

她曾在信中写道,"台湾记者那篇淘垃圾还是登出来了。中国人不尊重隐私权,正如你说的。所以我不能住在港台。现在为了住址绝对保密,连我姑姑都不知道。"当好友司马新收到这封装满着愤怒的信件时,张爱玲已被迫无奈又迁换了寓所,她就以远避尘嚣的方式将自己深锁树荫的浓密之后,不再见人。

第七章 总是高人泪

## 岁月静好

"淘垃圾"事件之后,张爱玲又开始频繁搬家。这段时间她患上了严重的皮肤病,觉得蚤子无处不在,似乎患上了"恐虱症"。为了躲避蚤子,她剪掉长发戴着帽子,有时甚至没办法穿衣。她不得不"住旅馆流浪",在洛杉矶的大小旅馆间来回颠沛,有时一个星期就要搬一次家。"生命是一袭华美的旗袍,上面爬满了蚤子",不知是不是一种生命难以言说的暗语。

除生活中令人不堪的跳蚤外,张爱玲在海外唯一面对的只有林式同,说是面对,其实彼此很少见面,张爱玲总是在迫不得已的情况下,才会用电话联系以求助。张爱玲几次搬家都是林式同帮忙找的房子,还帮张爱玲补办了她因不断搬家遗失的护照等证件,张爱玲内心深感温暖,尽管林式同不了解文学,对张爱玲了解也不多。因朋友相托,信守承诺又有侠肝义胆,就此真诚演绎出了人与人之间的关爱。于张爱玲而言，这份关爱，没有虚伪，有的只是言之凿凿的信任。

得知她生病，宋淇和好友司马新也都内心焦急。司马新更是立即托人找来医生，还专门写信给宋淇让他催促张爱玲去看医生。张爱玲遵听医嘱不久就痊愈了，还专门写信告知他们，"医道高明，认出是皮肤特殊敏感，大概Fleas（跳蚤）两三年前就没有了。敷了药奏效如神，已经找了房子定居……现已安稳下来。"朋友们这才放下心来。

生活于她是一场动荡不安的漂流，也许已经习惯，只是太累了。时光似水，流经她，雕琢她，不言不语中芳华尽显。回想半生人事浮沉，曾经的繁华岁月、亲人纠葛、爱情迷雾都已绝尘而去，只有姑姑那日忽然的一封来信提醒着自己原来心中挂念也并非全都虚无。回想1952年张爱玲离开大陆时，就与姑姑张茂渊约好互不通信，一转眼数十年倏忽而过。在张爱玲成长期间，姑姑给予了她太多关爱。那封信让张爱玲喜从中来，已经78岁的姑姑说自己终于喜结良缘，同心携手的是她的初恋情人李开第。李开第曾经是张爱玲在港大读书时期的监护人，她对这位学识优秀的姑父印象很好。得知二人洗尽铅华之后又喜结连理，自是欣慰，很快送去了祝福。

当年，姑姑张茂渊出海留洋，恰好与公费赴英留学的李开第同一条船，姑姑年轻貌美、学识优秀，李开第也多才俊朗，不由自主为她用英文朗诵了拜伦的诗。等两人倚靠着船舷谈论人生过往时，彼此已心生爱慕，只是苦于家中有媒妁之言，只好把这样的爱恋深藏在心底。

## 第七章 总是离人泪

在与时间的较量中，在这般执着的等待中，爱的种子竟如此坚韧。李开第与夏毓智结婚后，张茂渊一直单身，两人还依旧保持着深厚的友谊，张茂渊也得以委托他照顾当时在香港大学读书的张爱玲。直至夏毓智去世，心中仍然无法割舍爱恋的张茂渊，她开始照顾李开第的起居生活，全然不在乎别人的闲言碎语。苍天不负有心人，为了心上人终身不嫁的张茂渊，在两鬓斑白时还是等到了爱情。

张爱玲相信姑姑一定会结婚，哪怕已是80岁。现在这一天真的到了，张爱玲深感欣慰，似乎在经历无数不快之后，又在亲人身上重新感受到了爱的温暖。张爱玲一生在寻找安宁，更多时候，她和姑姑一样执拗、困惑，却又不得不面对现实。她始终行走于寂静的背风处，让自己的念旧成为素心冷眼的生活风景。

20世纪80年代，"张爱玲热"持续在大陆升温。张爱玲笔下那个"很美"而"没志气"的弟弟张子静，一直试图联系姐姐，因张爱玲频繁搬家地址不定，写信总也有去无回，直到1989年才联系上。他太了解姐姐，"她的心灵很早就建立了一个自我封闭的世界：自卫，自私，自我耽溺"，知道她永远是水中的游鱼，在这个苍凉人世，何处是水，何处是泪，无处分辨，稍不经意就会消遁在浩浩水际。他只能是苦苦寻找，只是和无数追随者不同的是，除了崇拜，更多是发乎于心的爱。

生活的确残酷，也让张子静无情沦落。因久不接触，张爱玲的亲情观念已经变得极其淡薄。而那个尚留存在记忆中的弟弟，也早已没有了童年时的天真，不但面对生活中的残酷，还要承担起家庭的沉重责任。

仔细想想，子静这一生，终身未娶，父不疼，母不爱，姐不亲，姑不怜，只是无力无心地苟活着。他却对这个"冷酷"的姐姐有一颗关爱之心。联系上张爱玲的那一刻，子静又仿佛回到了童年，那时姐姐带着他在院子里，在书房看书，往事历历在目，让人不由伤感。

短暂的相交过后，又归于平寂。她沉浸于文字的世界，只有从这里寻得一点自在。1976年时，张爱玲就已经完成了《小团圆》的初稿，尽其一生都在继续创作、修改。"这是一个热情故事，我想表达出爱情的万转千回，完全幻灭之后也还有点什么东西在。"纵使人生动荡不安，未必圆满，却也在这些字里行间，依稀触摸到她留给世间的苍凉和触目的真实，令人唏嘘。

修改《小团圆》的同时她也在整理曾经的旧照，于1994年出版了《对照记》。如果说，曾经生活过的上海是过往的影子，这些缥缈如同红尘的相册中，包含了多少故事，多少不堪回首的往事。身边的亲人无疑是即将逝去的影子，甚至连自己都将成为寓所中孤独的影子。也许这份跟随时光顺藤摸瓜的记忆影像，是心底对于往事最后的告白。只在这一点上，可以从迅疾而逝的时光中留住一些什么，也得以观照自己何以成为今天的模样，而在人生弦管疾下的洪流中，不至于一无所有，于此她说："时间加速，越来越快，越来越快，繁弦急管转入急管哀弦，急景凋年倒已经遥遥在望。"

## 第七章 总是离人泪

　　此时生活淡然平静，种种磨难寂寥只有林式同得以见证。他懂得，身处这样的清苦与简单之中，时光已让她全然放下一切。不由让人想到那些蛰伏岩洞中修行的隐世者，那些身居大山的修为者。晨露浇灌，岚气吹拂。不入世俗，心安于命。这才是张爱玲情衷草木的所在吧？

　　这种情况下，几乎无人知晓张爱玲的生活轨迹。朝暮无常，世事叵测。张爱玲对朋友这样，对弟弟、姑姑等至亲亦是避而不见了。曾有过几次，弟弟曾动了念头要去找姐姐当面询问，最终因种种原因不了了之。按理说，张爱玲与姑姑亲密无间，在洛杉矶隐居多年，在偶尔的联系中也仅寥寥数语。甚至姑姑在病重之际，对身边的人流露出想见张爱玲一面时，年老的姑父写信给海外的张爱玲，希望她能在姑姑弥留之际回来探望，以满足张茂渊最后的心愿。信中言之切切，动容动心，但张茂渊人生的最后一个要求，却成了永久的遗憾。

　　接到来信，张爱玲内心也是十分痛苦。述说不清的往事现在都凝聚在这去与不去的问题上。那几日，她常常凝望着窗外发呆，可悄然滑落的泪水很快把这些念想冲淡。

　　数月之后，张爱玲的信件姗姗来迟。此时姑姑已在抱憾中悄然逝去。她的信中，字字句句也都深情绵长，但同时又毅然说明了她何以如此选择。即便这样，她还是再三叮嘱家人，信读后一定要烧掉，免得地址为他人知道。这样的单纯中看似寒凉，却也着实让人无法理解。

　　或许人生本就如此，分离得太久太远，难免生出陌生的疏离感。

突然有一天，林式同家中的电话响起来，传来了张爱玲的声音，柔弱中带着突兀，缓然中又透着坚决，大意是说她写了一封非常重要的信，里面有份遗嘱副本，想要拜托他帮忙保管。林式同听得自然一头雾水，但还是一如既往点头应允。

几天后，林式同迫不及待地拆开了这封来信，信中寥寥数语，蝇头小楷中规中矩，秀丽中散溢着生命的沉着。信的内容大致如下："一是所有私人物品留给香港的宋淇夫妇；二是逝后不举行任何丧礼，将遗体火化，骨灰撒到任何空旷的荒野。遗嘱执行人林式同。"信中还说如果他不肯当执行人，她会另请他人。林式同看到信，仍感觉有些惊讶，心想自己母亲比张爱玲还大许多，尚且健康，这事对张爱玲来说还太遥远，就没再回复。

后来他又收到一封张爱玲来信，才读到了关于遗嘱的解释："在书店里买表格时就顺便买了张遗嘱，免得人去后有钱剩下就会充公。"朋友之托，精致纯心，无形中也让彼此间的关系更为紧密。

生死对于张爱玲而言，已无关紧要，她的自由是不愿让人牵挂追随。一生潦倒的子静，终究还是懂得了姐姐的内心。虽然他们之间曾短暂地取得了联系，到最后又成为你来我不往的处境。子静再也没有收到过张爱玲的片言只字，很多人或许不解，同样经受了人生大起大落的弟弟却满怀深情。他在《我的姐姐张爱玲》一文中，依然用情同手足的文字重新真实地还原了这位生命中的至亲："这么多年来，我和姊姊一样,也是一个人孤独地过着……但我心里并不孤独,因为知道姊姊还在地球的另一端,和我同存于世……姊姊待我,亦如常人,总是疏于音问。我了解她晚年生活的难处,对她只有想念,没有抱怨。不管世事如何幻变,我和她是同血缘、亲手足,这种根底是永世不能改变的。"

文字虽然平淡实在,却饱含着子静对姐姐太多的爱,读后让人忍不住要落下泪来。遗憾的是,张爱玲已无法感同身受了。

1994年,张爱玲的小说《对照记》获得了台湾《中国时报》"文学奖特别成就奖"。正当人们为此激动不已时,她却幽默地拍下了一张照片。那黑白分明的影像中,张爱玲手握报纸面带笑容对着镜头,报纸上醒目地印着一行"主席金日成昨猝逝"的黑字,生硬而又突兀的字体与清瘦的身体相互映衬,让人感觉触目惊心。不由猜想,这也许是以无畏来面对人生之别。

无疑,她的内心了无羁绊。当《对照记》再版时,她将这张照片醒目地印在书上,以秋水苍颜的神情来观照这个苍凉的世界,不同的是多了几句旁白:"写这本书,在老照相簿里钻研太久,出来透口气。跟大家一起看同一条新闻,有'天涯共此时'的即刻感。手持报纸倒像绑匪寄给肉票家人的照片,证明她当天还活着。其实这倒不是拟于不伦,有诗为证,诗曰:人老了大都是时间的俘虏,被圈禁禁足,它待我还好——当然随时可以撕票。一笑。"

以这种姿态来表现自我的张爱玲,在这个纷繁世间收获了大自在。

## 时光寂寞

纵然有着俗世的我自妖娆，在午夜的月色里张扬绽放，一任"红色的玫瑰芳香弥漫，辛辣魅惑"，不失的是众生之中的佛性禅心。

如果说，张爱玲晚年生活的疏离寂寞，是自动选择站在世界的边缘冷眼旁观，而心中慈悲也有着苍凉的底色，这在她一生不停的书写中，构筑了一个时间长河中苍凉寂寞的人生图景，丰富了这个世界，枯萎的却是临水照花的芳心。

这个世界，只有文字与张爱玲心随相依，可以让她在百转执念中从容不迫。曾经的情感、名利、生死、至亲，现在看来都已云卷云舒般淡然远逝。从毅然逃离家庭的那一刻，浮世的悲哀和人世的渺小，都体验尽了，曾经追寻的一切，现在都可以放下了。

这些年，一个人的一意孤行，已让她背负太多。年老将至，此时的她渐生一种"剩下的时日有限"之感，甚至有一次，走在大街上的张爱玲被人无意撞倒，那种年老体弱下的力不从心，突然变得真切起来。"张爱玲过街时被撞伤住院"的消息在大洋彼岸传得满城风雨。于张爱玲而言，内心自是不安，她只能借助频繁的变换居所，来避免外人的窥知。

人活一世，草木一秋，同样的柔弱生命却充满着不为人知的变化。一枝一叶，犹如一颦一笑，反倒在离群索居中彰显了自我，尤其那独处的姿态，更是遗世独立。或许每个人都有属于内心乌托邦式的自由吧，就像鱼的海洋、鸟的天空、动物的森林一般，即使有着太多的艰辛、颠沛，却也能够自我愉悦着。

新的公寓在花草掩映之间，燥热夏天里倒也清凉，闲暇时还可以闲坐窗前，欣赏窗边景色，安心之感油然而生。生活设施依旧简单，房内还是那么干净整洁，也绝迹了让她恐惧不已的跳蚤。

林式同是个有心人，他将自己的住址作为张爱玲的永久住址，并且承诺不对任何人透露她的任何信息。人在异乡他国，这样的关系让他们胜似亲人。偶尔的短暂相处，也会有话交流。有一次他们聊天谈到了女作家三毛，张爱玲带着疑惑的口吻，问他三毛为什么自杀了？林式同不关心文学，自然不知道其中原委，便也没有过多理会。后来想起这些话，便查阅了大量资料，无形中地将她们联系到一起。三毛一生行走天涯，无所畏惧，让生命漂泊成了绝唱；而张爱玲面对生死漫不经心，笔下有着林林总总的凄凉哀愁。

之所以会有这样的发问，应该是以小说中的人物形象来看三毛的。林式同知道，张爱玲对人生有兴趣而不投入感情，就像躲在一旁看人吵架，明明与己无关却又津津乐道。可以说，她漫不经心地了解着人生的真相，又以超然的冷静来面对人生。经历过这么多风雨之后，也许生亦是死，生亦是生了。

频频搬家，像是在躲避，又似在寻找。这样的人，恍若油画一般，无论是远观近看，谁都无法看透她的内心。时间一久，这样的需求渐为人知，大家也不刻意去打听她的落脚处所，为的是能还这位老人一份宁静。就连起初难说话的房东，也不再奇怪有这样深居简出的房客，见面点头，一笑而过也就罢了。对自己这样的彻底，更多透露出她人生中的冷漠和从容。那冷漠中泛着冷光，冷得让人无法躲避。也是有一次，子静无意从报纸上读到了一则关于张爱玲噩耗的消息，未来得及问讯真假就旁若无人地哭起来，也不在乎旁人如何看他。那泪水无疑饱含真情和关爱，饱含着彼此这些年里的牵挂。这些年里，姐姐虽然孤傲得不近人情，始终隐藏着住址不让人知，所有这些都让他有太多委屈，但眼前出现在铅字中的名字，却又深深牵系着他的心，才知道，亲情像一棵根深叶茂的大树，无论相隔多远、事隔多久，根系间的纵横缠绕都无法切割开来。于是，他发疯地寻找着与姐姐亲近的人，希望证实消息的真伪，电话一遍遍地打到报社，报社的回答也是模棱两可，给不出任何让人信服的说法。无奈之下，张子静只能是祈愿祝福，以求平安。

## 第七章 总是离人泪

一念花开,一念花落。现在子静明白了这种冷,他只有祝福:只要安好,便是春天。

时光漫然,终将老去。深居简出的生活中透着慵懒,充满着平淡,以至于门前的信箱中塞满了信件,张爱玲也不愿起身去打开。在她看来,似乎只有这样的满满当当,才会让人觉着生活的繁华如景。

所有的不在意,如同人生修行,盘腿四望,唯有静极。张爱玲并非无情人,只有她自己明白,并对弟弟的四处寻找心怀感动,只是这时不愿意再牵系起以往的回忆。除了弟弟,对好友炎樱也是这样。

闻讯炎樱去世时,她那颗沉寂许久的心才缓然动了一下。炎樱和张爱玲是好友,先后见证过她的两次婚姻。作为她生命中非常重要的一个人,她们的关系就如同花与蝴蝶一样,始终充满着生命的喜悦。正如炎樱所说:"每一个蝴蝶都是从前的一朵花的灵魂,回来寻找它自己。"一个熟悉的故人远去了,这种心灵的触动,算是蝶对于花的回馈吗?

一起共青春的朋友去了,青春便不再有。这些年的独居,虽然挡住了前来造访的读者,始终无法阻隔的却是一个个的坏消息。这些消息无情而又无畏地打击着年迈的张爱玲,同时也更加坚定了她不愿回头的决心。

不回头,亦回不了头,身边亲人一个个消殁了,只有张爱玲孤独地活着。阳光映射下,张爱玲的身影孤独地沉默着,静静的,静静的。

## 生命苍凉

在美丽与苍凉之间,张爱玲神情安详地告别了这个凄凉的世界。没有人来打扰,静得似乎要让时光凝结起来。

一切就像一场曼妙无比的梦。

午后的阳光从窗外斜斜射进来,任由成千上万颗尘埃在光束中跃动,恍若舞台,透露出人生的本来面目。静在一隅的台灯还孤独地亮着,寂寞地发着微不足道的光,似乎在诉说,又似乎在回忆,只是这灯下从此不会再有张爱玲柔弱纤美的书写了。

从此,世间不再有这样的传奇女子。

"晚年唯好静,万事不关心。"寓所里悄无声息,轻轻推门进去,只见屋子北边的靠墙处有一张单人行军床,也收拾得平整简单。而今,它要在时光的漫远中,成为送别主人的诺亚方舟。繁杂的社会恍若浩浩东流的大海,张爱玲赖以存身的这处居所,就是一叶不知要飘向何方的

## 第七章 总是离人泪

小舟,唯一能给予她的是内心的安宁、满足。

远离了纷乱,不再有时光里的等待和寻找,即便是逢面而过的誓言,依然是苍白与淡然。冥冥之中,张爱玲仿佛知道她人生的最后远行就要开始了,精心挑选了一身流光溢彩的旗袍,用心收拾好容妆,安静而优雅地躺在床上,那神情像在架构作品,又像在思考人生。只是那一袭刺目的赭红色,分明就是艳丽之极的红玫瑰,分明就是心口上的朱砂痣,"分明就是樟脑的香,甜而稳妥,像记得分明的快乐,甜而怅惘,像忘却了的忧愁。"苍白的脸色,静静地映衬着这红,俨然在傲视着世间的渺如云烟。散落在手边的是还未写完的稿纸,笔横搁置在上面,唯一遗憾的是不知她要写下什么离别的话。

"长的是磨难,短的是人生。"一代奇女子张爱玲如此简洁地离去,恍如午后的休憩,不容旁人做最后的诀别。这长眠放弃了太多,带走的却是她75年的经历与磨难。

离别无言,永不相见。再也触摸不到的温暖,成为无法完成的人生悲唱。而那部用心创作的《小团圆》,也在某种意义上注定了人生中有太多不圆满。

面对着这逝去的生命,林式同独自伫立在张爱玲的房间,这是第一次,也是最后一次。没有一个人前来打扰,就连这个体质孱弱的女人,在风华传奇了一生后,也以这样的方式迎接着他的到来。1995年5月,林式同记得清清楚楚,他收到了张爱玲要求搬家的信。信一如既往地短,一如她认真的风格,大意是说想要搬去亚利桑那州的凤凰城,抑或到内华达州的拉斯维加斯去。这两处地方紧靠沙漠,常年干旱不说,起风时就会沙尘满天,环境并不如意。对这样的要求,林式同自然不会明白张爱玲执拗的内心。她是想图清静,还是想保留属于自己的洁净?无论如何,这样的洁净,彰显出的是与这个世界的与众不同。这样的洁净,是不染尘埃的天真,是付出真心后被风雨戕杀的千疮百孔。

此时,张爱玲的身体状况已经特别差了,就连患感冒后也总是长时间不见好。最恼火的是皮肤病也接踵而来,常常是浑身痒得不自在,难受得连衣服也无法穿上。享受过太多的人生得意,这种小痛苦便注定要成为磨难。

所有的虚弱无力,只能让张爱玲求助于林式同。对于她的请求,林式同从不会拒绝。最后,张爱玲考虑后还是接受了建议,同意先迁往洛杉矶居住,并把时间初步定在了7月。

7月之后,林式同并没有接到张爱玲电话,便也没有主动去问询租房子的事,想着过几日就会联系,没料到人生恍如梦,转身就成了回忆。

1995年9月8日中午,当林式同接到张爱玲房东的电话时,才听到了张爱玲去世的消息。这个沉痛的消息,让他竟不由自主地流下泪来。他不相信那记忆深处的背影,就这样悄无声息地远去。可无论如何,他都必须接受这个现实。

## 第七章 总是离人泪

寂寞的张爱玲，在晚年并没有享受到人世间的幸福，正如她的童年一样，总有着太多坎坷需要承受。寥廓的时空中，她变得不愿落泪，沉寂在没有热闹的寂寞中，如同隔绝烟火的黯然。于是，电视机便全时段开着，她也不在乎上演的是什么内容，只乐意在喧闹中回忆过往，书写故事。

繁华落尽后是梦醒吗？

人生本就是一场戏，茫茫红尘中行走，能遇见就是缘分，能珍藏更是幸福。无论是天涯海角，最终都只会相忘于江湖。只是此时此刻，所有的繁华之后，张爱玲这个人终究会成为记忆中的传奇。

林式同突然不知所措起来，木讷地看着警察在屋里来回忙碌，他只觉着所有人在为这个空落的灵魂搬家。张爱玲不为搅扰地安静躺着，面部没有任何痛苦的痕迹，依然保持着生前的高洁优雅。人生路上的所有快与不快，都在这一刻定格了。

窗外有落叶萧然而下，相互碰撞着重叠着，似乎在以最质朴的方式为这位老人送别。

张爱玲生前不喜盛夏，认为燥热容易让人烦闷。她更倾心于色泽满目的秋日，凉风有信，秋月无边。在中秋节前后出生，在中秋节前后逝去。纵然心似秋月，却付了此生来忘。"三十年前的月亮早已沉下去，三十年前的人也死了，然而三十年前的故事还没完——完不了。"这是《金锁记》中的文字，灵动的笔下，张爱玲永远都有着讲述不完的故事。这些结束不了的故事，除了耗费的光阴和心血，更如无法完结的心事紧锁心房深处，任尘缘在茫茫人海之中渐行渐远。正如徐志摩在《两个月亮》中写的："我望见有两个月亮：一般的样，不同的相。一个这时正在天上披敞着雀的衣裳；她不吝惜她的恩情，满地全是她的金银。她不忘故宫的琉璃，三海间有她的清丽。"

最后几年，寓所便是她的全部世界，将爱与浓浓哀愁全部浓缩在这静默的一隅。情如飞花爱如沙，纵然这样，红尘之中的寂寞聆听，轻曲阑珊的云烟缥缈，都在心潮起伏中幻化为不凡的文字。"厌倦了大都会的人们往往记挂着和平幽静的乡村，心里念念盼望着有一天能够告老归田，养蜂种菜，享点清福。殊不知在乡下多买半斤腊肉便要引起许多闲言闲语。而在公寓房子的最上层，你就是站在窗前换衣服也不妨事。"这样看来，这公寓更似蜗牛的壳，隐藏着太多内心的丰富与孤独。

一代才女最终就这样香消玉殒。逝去一周后，如雾般的张爱玲才为房东发现。作为人生的必然归属，同样，不论是胡兰成，还是赖雅；不论是炎樱，还是林式同，最后都要像转马灯一般远去。熊熊冲天的火光中，一具躯体携带着灵魂顿时向四处弥散开来。此时，这个灵魂是孤独的，她的再生也不知何去何从。

曾经以文字穿越民国烟雨的迷蒙，曾经以出身不凡成为一座城市的佳丽，现在随着一抹轻烟了却了人生全部的羁绊。

"人生的结局，总是一个悲剧。老了，一切退化了，是个悲剧，壮

## 第七章 总是离人泪

年夭折，也是个悲剧，但人生下来，就要活下去，没有人愿意死的，生与死的选择，人当然选择生。"张爱玲虽然远去了，可那卓尔不群的眼神中始终透着自傲、敏感，只是一如既往的冷寂中多了哀怨的哭泣。

在众人的默送中，船起伏着慢慢驶向大海深处。林式同与张爱玲生前的几位好友，以最简单的告别，送她走完了人生的最后一程。

水花溅起，有些冰凉，轻轻地拭去脸上的浪花，随之而起的是抛撒在海面上空的骨灰，斜斜地、细密地在海面上划出了一道道美丽的弧，然后又悄无声息地落入水中。而这所有的程序都依照着张爱玲生前的遗嘱进行：逝后希望火化，不要殡殓仪式，骨灰撒向空旷荒野处……

远望浩浩海面，花瓣伴随着骨灰不停地抛撒着，当所有的一切都倏尔远去时，只有玫瑰花瓣在水面上高低起伏着。阳光映在上面，苍凉而又凄美，彰显出张爱玲避世而不弃世、执着而不自恃的内心世界。

这样的基调，是基于华丽下的联想，是无比浩瀚中的悲伤。

流动的风，缓缓的水，深深浅浅地烙印下了岁月的记忆。无论是成长的阵痛，抑或是幡然的醒悟，总归都该有个了断。只是在这一刻，民国才女张爱玲的故事又为人们再次唤醒。

一朝梦，万念成空，亦远亦近。远亦思，近亦抚，思抚尽相隔。所以，对于逝去的人来说，爱或不爱，遥遥的只是灵魂，唯一可知的是，她不会再为爱流泪，亦不再回头，而是一如既往地我行我素，惊世骇俗。

## 附录 张爱玲年表

**1920年**，9月30日，出生于上海，取名张煐。
**1921年**，弟弟张子静出生。
**1922年**，随家人迁居天津法租界张家旧宅。
**1924年**，母亲黄逸梵和姑姑张茂渊结伴出国。
**1928年**，由天津迁回上海，母亲回国，教她弹钢琴、绘画、学英语。
**1930年**，父母协议离婚，张煐就读上海黄氏小学,正式改名张爱玲。
**1931年**，就读上海圣玛利亚贵族女校。
**1932年**，在圣玛利亚女校贵族校刊《凤藻》上发表短篇小说《不幸的她》。
**1933年**，在《凤藻》上发表散文《迟暮》，开始创作长篇章回小说《摩登红楼梦》。
**1937年**，在校刊《国光》上发表小说《牛》《霸王别姬》等。

夏天，从圣玛利亚女校毕业，母亲也为她留学事宜回国。

张爱玲向父亲提出留学请求，被父亲和后母嘲骂。

因与后母发生口角，被父亲毒打，关禁闭半年。

**1938年**，旧历年前，趁夜出逃，逃往母亲家。

**1939年**，赴香港大学攻读文学专业。

**1940年**，《我的天才梦》获《西风》月刊三周年征文比赛第13名。

结识终生挚友炎樱。

**1941年**，珍珠港事件爆发，香港沦陷，张爱玲在大学临时医院做看护。

**1942年**，香港大学停课，张爱玲与炎樱无法毕业，回到上海，打算报考圣约翰大学。

开始用英文写影评和散文，给《泰晤士报》写影评、剧评。

给《二十世纪》月刊写了《中国的生活和服饰》《中国人的宗教》等文章。

**1943年**，《沉香屑：第一炉香》《沉香屑：第二炉香》发表于《紫罗兰》月刊。

《心经》《琉璃瓦》发表于《万象》月刊。

《茉莉香片》《到底是上海人》《倾城之恋》《金锁记》发表于《杂志》月刊。

《更衣记》发表于《古今》半月刊。

**1944年**，《花凋》《红玫瑰与白玫瑰》等发表于《杂志》月刊。

第一部短篇小说集《传奇》由杂志月刊社出版。

与胡兰成结婚，炎樱为证婚人。

1945年，《我看苏青》发表于《天地》杂志。

日本战败投降，胡兰成化名张嘉仪潜逃。

1947年，《华丽缘》《多少恨》发表于《大家》月刊。

与电影导演桑弧合作，创作三部电影剧本《不了情》《太太万岁》《哀乐中年》。

与胡兰成离婚。

1950年，以"梁京"为笔名，在上海《亦报》连载《十八春》（后改名《半生缘》）。

参加第一届文学艺术工作者代表大会。

1951年，《十八春》出版单行本。

中篇小说《小艾》在《亦报》连载。

1952年，再赴香港，开始写电影剧本《小儿女》《南北喜相逢》，翻译《老人与海》《爱默森选集》等作品，认识美新处处长麦卡锡和宋淇夫妇。

1953年，出版长篇小说《秧歌》英文版。

父亲张志沂去世。

1954年，《秧歌》《赤地之恋》在《今日世界》连载。

1955年，乘"克利夫兰总统号"轮船离港赴美。

1956年，结识作家赖雅，与其在纽约结婚。

1957年，母亲黄逸梵在英国逝世。

1961年，为收集写作资料，飞台赴港。

为香港电懋电影公司编《情场如战场》《桃花运》《人财两得》等剧本。

**1962年**，回到美国，与丈夫团聚。

**1966年**，《怨女》单行本由台湾皇冠出版社出版。

**1967年**，赖雅在波士顿病逝。

翻译《海上花列传》。

**1968年**，《秧歌》《流言》《张爱玲短篇小说集》在台湾皇冠出版社出版。

**1969年**，《半生缘》在台湾皇冠出版社出版。

**1973年**，移居洛杉矶，开始离群索居的晚年生活。

**1975年**，《海上花列传》英译本完成。

**1976年**，散文小说集《张看》由皇冠出版社出版。

**1977年**，历尽十年心血完成的《红楼梦魇》由皇冠出版社出版。

**1979年**，《色·戒》发表。

**1981年**，国语本评注《海上花》由皇冠出版社出版。

**1989年**，剧本《太太万岁》在《联合报》上连载。

**1991年**，好友炎樱和姑姑张茂渊去世。

**1994年**，《对照记》由皇冠出版社出版。

**1995年**，9月8日，张爱玲被发现死于洛杉矶公寓内。

9月19日，遗体火化。

9月30日，骨灰撒入太平洋。

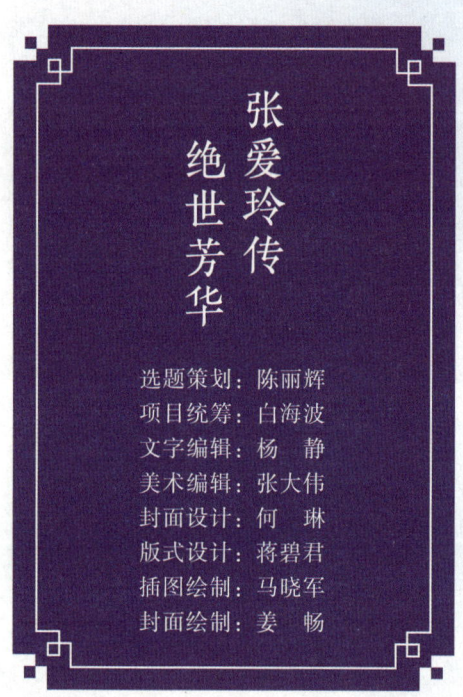

张爱玲传
绝世芳华

选题策划：陈丽辉
项目统筹：白海波
文字编辑：杨　静
美术编辑：张大伟
封面设计：何　琳
版式设计：蒋碧君
插图绘制：马晓军
封面绘制：姜　畅